身体でみる異文化

目に見えないアメリカを描く

広瀬 浩二郎

臨川選書 31

はじめに――フィールドワークに基づく身体論

「身体でみる」＋「異文化」＝目に見えない事物の内面（本質）を描き出す。この本の書名には、自らの研究を通じて、新たな身体論を開拓しようとする著者の熱意が込められている。読者のみなさんには本書各ページの文字や写真を目で「見る」だけでなく、僕が各章で紹介する体験談をたっぷり身体で味わっていただきたい。

僕は十三歳の時に視力を失い、以来三十年余、全盲状態で暮らしている。大げさな言い方をすれば、「視覚を使えない不自由（障害）」を「視覚を使わない自由（ユニークな持ち味）」に変換するための創意工夫を積み重ねてきたのが、失明後の僕の人生だったと総括できる。「身体でみる」は、そんな僕のライフスタイルを象徴する語である。視覚で「見る」のは無理でも、視覚以外の感覚を駆使して全身で「みる」ことは可能なのではないか。そして、視覚優位の現代だからこそ、「身体でみる」学習法は視覚障害の有無に関係なく、万人にとって有益なものになるに違いない。僕はそう信じている。

「身体でみる」を日々実践する僕は、二〇一三年八月から二〇一四年三月まで、在外研究のため米国・シカゴに滞在した。わずか八か月とはいえ、四十代の働き盛りの時期に、自分のペースで存分に研究ができるチャンスを与えてくれた国立民族学博物館（民博）、およびシカゴ大学には感謝したい。本書タイトルの「異文化」とは、直接的には僕のシカゴ生活を指している。

今回の在外研究は、僕が併任教員として所属する総合研究大学院大学の「若手教員海外派遣制度」により実現した。世間の常識からは多少ずれているかもしれないが、四十五歳まで「若手」と認めてもらえる本制度は、中年研究者にとって、なんともありがたい。四十五歳を過ぎて、体力の衰えを実感する僕だが、これからも「若い手」（好奇心と行動力）を大切にしたいものである。僕の「若い手」から紡ぎ出されたのが、「身体でみる」＋「異文化」、すなわち一視覚障害研究者の米国体験記といえるだろう。

そもそも、「日本」を研究対象とする僕が、なぜアメリカでフィールドワーク（実地調査）を繰り返しているのか。その答えを一言で述べるなら、「米国は僕の好奇心と行動力を鍛えるのに最適の地だから」ということになる。好奇心と行動力を鍛えるための三つのコンセプトとして、〝音〟〝色〟〝心〟を挙げることができる。〝音〟とは、外界からの刺激を身体全体でキャッチする鋭敏な洞察。〝色〟とは、目に見えないものを身体内部で自由に思い描く大胆な発想。〝心〟とは、他者との身体的接触（触れ合い）を通して人間・文化をとらえ直す柔軟な思考。これら三つは僕の「身体でみる」研究手法のモットーであり、努力目標ともいえる。

さまざまな意味で日本とは異質の価値観・社会システムを持つ米国でのフィールドワークは、僕の〝音〟〝色〟〝心〟に対する身体感覚を磨く上で重要である。アメリカにおける人類学の最新の研究動向、博物館事情、障害者（マイノリティ）の教育・就労環境、さらには日本文化（宗教や武道）の受容形態などを肌で感じ、米国との対比から客観的に日本の歴史・現状を再評価する。シカゴでの八か月のフィールドワークは、多様で豊かな〝音〟〝色〟〝心〟を僕にもたらしたのは間違いない。

本書の序章～第八章は、シカゴでの在外研究期間中に、民博のホームページに連載したコラム「ミドルライフ・ブルース――シカゴの響き」（全十八回）がベースとなっている。「身体でみる」＋「異文化」の現地報告のライブ感を損なわぬように注意し、帰国後にあらためて一冊の本として読みやすい形に整理した。各章の内容は、「身体でみる異文化」のフィールドワーク事例集ともいえるだろう。

広瀬流（座頭市流）フィールドワークを特徴づける新語として、本書では「響記（ひびき）」を使っている。いうまでもなく「響き」は、視覚に依拠しない僕が全身で感じる「震動」を意味する。一般に、人類学者は歩きながら考え、考えながら書く。そんな日々の営みが、いわゆるフィールドノートに記録されるわけだが、僕は点字でメモを取りつつ、自己の調査を遂行している。六つの点の組み合わせで日本語の仮名、アルファベット、数字などを表す点字は表音文字であり、スケッチやグラフなど、図表を書くには適していない。しかし、日々の経験の積み重ねを身体に刻み込み、その身体的な印象を言語化して紙に打ち込むという点において、一文字ずつ触覚で読み、書き進める点字は威力を発揮することができる。

僕は毎日の思索の連続性、継時的な身体メディアである点字のメリットを重視し、視覚文字ではなく触覚文字で書き記される我がフィールドノートを「日々の響きの記録＝響記」と名付けることにしたい。ちなみに、本書の原稿は僕がパソコンの画面読み上げソフト（スクリーンリーダー）の音声を頼りに入力したが、下書き段階ではすべて点字で手書きしていたことを申し添えておく（語呂合わせ、同音異義語による言葉遊びの多用は点字ユーザー特有のウィットか、はたまた単なるオヤジギャグなのか。その判断は読者に委ねることにしよう）。なお、身体感覚を重んじる本書では、各章のタイトルとしてオノマトペを並べてみた。日本語独特の擬態語表現の響きは、きっと「本を身体で味わう」一助となるだろう。

八か月の在外研究中はわがままな時間の使い方ができたので、「ミドルライフ・ブルース」執筆に勤しんでいた。そんな僕の充実感、筆の勢いを序章〜第八章の記述からぜひ感じていただきたい。終章はシカゴからの帰国後、猛暑の大阪で汗とともに絞り出した「響記」である。「鋭敏」「大胆」「柔軟」という面ではまだまだ不十分だが、本書の締めくくり、もしくはこれからの僕の研究、ひいては人生の方向を指し示すマニフェストとして、じっくりお読みいただければ嬉しい。

巻末の補章は、「身体でみる異文化」を構想するための土台となった僕の盲人史研究、瞽女《ごぜ》（盲目の女性旅芸人）調査のエッセンスを簡潔にまとめた小論文である。やや小難しい文体になっているが、〝音〟〝色〟〝心〟に裏打ちされる広瀬流フィールドワークの原点ともいえる補章の趣旨は、シカゴの「響記」と重なる部分が多い。序章の直後、終章の直前、あるいは各章の合間など、読者個々には好きな時に、好きな場所で補章を熟読玩味していただくことをお願いしたい。さあ、それでは「異文化をみる」各人各様の身体感覚を研ぎ澄まし、真夏のシカゴへ出発することにしよう！

大相撲の豪栄道が大関昇進を決めた日に
我が身体論の今後の「豪栄」を願いつつ

はじめに――フィールドワークに基づく身体論

目　次

目次

序章　シカゴでの「ミドルライフ」——二〇一三年八月の響記から

在外研究へ出発！

四十五歳。ああ、いつの間にかすっかりおじさんになったものだ。今回、在外研究に出るに際して、日本語と英語で各種書類を作成した。我が年齢を書き込むたびに、自分が紛れもなく「中年」であることを確認させられた。ありがたいことに三十歳を過ぎるまで学生だった僕は、いい意味でも悪い意味でも、あまり実年齢を意識せずに今日を迎えている。民博に就職して、あっという間に十二年が経過した。職場では後輩の研究者が増えて、中堅と呼ばれる立場になったが、気持ちだけはいつまでも若手のつもりである。人生の折り返し地点に立って、自分の来し方行く末をじっくり考えてみよう。そんな希望を持って、二〇一三年八月五日から二〇一四年三月末までの八か月間、シカゴ大学の客員研究員として米国に滞在することを決めた。

僕がアメリカに住むのは三回目である。二十代後半の大学院生時代、カリフォルニア州のバークレーに留学した。客員研究員としてニュージャージー州のプリンストン大学にお世話になったのは、民博就職から一年後のことだった。トータル二年もアメリカで生活したのに、英語はなかなか上達しない。今回、シカゴでも日常会話で四苦八苦している。しかし、二十代、三十代の米国体験は、

写真１　シカゴの自宅アパート前にて。豪邸とはいえないが、我が半生において、エレベーター付きの大きなアパートに住むのは初めてである（2013年８月撮影）

僕の研究、そして人生にさまざまなプラスの影響を与えた。英語が喋れなくても、目が見えなくても、まあ世の中なんとかなるさ。こんな自信（ずうずうしさ）を身につけることができたのが、僕のアメリカンライフの最大の成果だったかもしれない。自信とともに、身体の真ん中、腹回りにしっかり付着した分厚い贅肉は、アメリカナイズの副産物ともいえるだろう。

三回目のアメリカ長期滞在に当たって、居住地として選んだのがシカゴだった。もちろん、シカゴ大学の日本文化、人類学関係の充実した研究環境に魅力を感じたのが第一の理由である。でも本音を言えば、過去にカリフォルニア（西部）とニュージャージー（東部）に住んだので、今度は米国の真ん中（中部）で暮らしてみたいという単純な思いがあった。本書では、中年おじさんが、米国の中部から「ミドルライフ」の一端を報告することにしたい。

写真2　シカゴ市内のライブハウスにて。身体に響く生演奏は深夜まで続く（2013年8月撮影）

ブルースの響き

さて、シカゴといえばブルースのメッカである。ブルースは奴隷制下の米国南部で黒人の宗教歌、労働歌が母体となって成立・発展し、後にはジャズなどにも取り入れられた。いわば、黒人たちの日常から自然発生した「魂のバイブレーション」がブルースなのである。もともとはギターの弾き語りが多かったが、一九五〇年代にはシカゴを中心にバンド形式のブルース演奏が行われるようになった。今もシカゴ市内ではブルースを楽しむことができるライブハウスが人気を集めているし、ストリート・パフォーマンスや無料のコンサートも盛んである。

シカゴ到着直後、観光気分で著名なライブハウスに足を運んだ。正直なところ、僕にはブルースの知識がまったくないので、バーベキューと地ビールを味わう方がメインの目的だった。ところが、生演奏を聴くうちに、不思議な高揚感に包まれた。最後にはバンドメンバーに通じないことはわかっていながら、「いいぞ！」「アンコール！」と叫んでいた。大阪のおじさんの面目躍如というべきだろうか。

ここ数年、僕は瞽女（盲目の女性旅芸人）の研究をしている。残念ながら二十一世紀の現在、瞽女や琵琶法師は消滅してしまったが、彼らの芸能に代表される盲人文化をどのように再生することができるのか、僕なりにあれこれ考えてきた。明治期に神戸で瞽女唄を聴いたラフカディオ・ハーン（一八五〇～一九〇四）は、以下のように述べている。「私はこれほど美しい唄を聴いたことがありません。その女の声の中には人生の一切の悲しみと美とが、また一切の苦と喜びが震動しておりました」。

もしかすると、ハーンが感じた震動とは、ブルースが僕にもたらした興奮と同じなのではなかろうか。日本語力がまだ不十分だったハーンと同様に、英語が苦手な僕は、かえってブルースの音の響きに集中できたという面がある。ブルースはアメリカの瞽女唄なのだ！　瞽女と黒人の魂の共鳴を実感したのは新鮮な驚きだった。酔っぱらった勢いも手伝って、僕はライブハウスでＣＤを買い込み、シカゴ生活のＢＧＭ代わりに日々愛聴している。

瞽女たちは三味線を携え各地を旅し、視覚以外の全身の感覚で得た情報、肌でとらえた土地の印象を瞽女唄として表現した。瞽女唄を聴いた晴眼者（見常者）は、語り物に内包される心象風景をありありと思い浮かべることができた。瞽女唄の震動によって、盲女と見常者は「見えない世界をみる」醍醐味を共有していたのである。黒人たちのルーツがアフリカの大地にあるように、瞽女は「見えない世界」にどっしりと魂の根を下ろしていたともいえよう。

音痴の僕にはブルースや瞽女唄の震動を再現することは難しい。でも、触覚や聴覚、さらには皮膚感覚を駆使して、見常者とは違う角度から多様な事物を「身体でみる」ことができるかもしれない。本書では、僕がシカゴでみた風景をブルース調の文体で記していくことにしよう。我が体重がミドル級に突入しないことを願いつつ……！「中年が中部で身撮る（ミドル）ブルース風」

第一章　てくてく・すいすい――二〇一三年九月の響記から

1　「やればできる」と「できればやる」は違う

パラトランジット・サービスの面接

その車は、約束した時間よりも十五分ほど遅れて、僕の前に止まった。ドライバーのお兄さんが僕の頭の上から「おまえはＨｉｒｏｓｅか？」と、にこやかに語りかける。彼のガイドで、僕は車の後部座席に乗り込んだ。彼の肘と僕の肩がほぼ同じ位置である。ドライバーの身長の高さに、あらためてアメリカのでかさを実感させられる。そう、今日はＡＤＡ（Americans with Disabilities Act アメリカ障害者法）で保障される「パラトランジット・サービス」（障害者用の乗り合いタクシー）を利用するための面接日なのである。ラジオの軽快な音楽とドライバーの口笛を聴きながら、僕はシカゴ地域交通局の面接会場に向かった。

いうまでもなく、米国は車社会である。アメリカに住む僕の友人の大半がマイカーを持っているし、七～八時間のドライブなら苦にしない人が多い。有名な俳優などが小説を音読するオーディオブックは、日本ではあまり見かけなくなった。しかし、アメリカの書店や図書館にはカセットブックやCDブックのコーナーが設けられている。英語が理解できるかどうかは別問題として、視覚障害者にとってオーディオブックはたいへんありがたいものだが、じつは「耳」で本を読むのは視覚障害者だけではない。アメリカ人は車での長距離移動中にオーディオブックを楽しんでいると聞いた。たしかに、漢字がない英語は「耳による読書」に適しているのだろうが、一般の書店や図書館で気楽にオーディオブックが入手できる環境はなんとも羨ましい。

「耳による読書」は視覚障害者の得意技だが、さすがに「耳による運転」はできない。車社会において、視覚障害者の行動は制約される。今回の在外研究の滞在先を決める時、僕には「アメリカの田舎に住んでみたい」という漠然とした希望があった。だが、車なしで生活することを考えれば、やはりバスや鉄道が利用しやすい都市、大学や各種店舗が徒歩圏内にある住宅地が候補となる。シカゴ市内は地下鉄やバスの路線が整備されているので、自動車がなくても、それなりに快適に暮らすことができる。といっても、日本と同様にアメリカの公共交通機関も、障害者にとって必ずしも使いやすいものではない。

そこで登場するのがパラトランジットである。通常の電車やバスを利用しにくい障害者（交通弱者）に乗り合いタクシーを提供し、移動の自由を保障する。障害者が前日までに電話予約すれば、決められた時間に自宅と目的地間を往復してもらえる。前述したように、待ち合わせ時間に遅れるなど、多少の不便もあるようだが、到着したい時刻から逆算して、余裕を持って予約すれば、さほどのトラブルはないだろう。

写真3　シカゴ市内におけるパラトランジットの料金は一律3ドルである（2013年9月撮影）

公共交通機関の代替輸送という位置づけなので、バスや鉄道が運行されている時間帯、つまり早朝から深夜まで堂々と使用できるのも嬉しい。もちろん仕事以外のプライベートの用事でも、パラトランジットの予約は可能である。「○○時にピックアップ」と決めておけば、遠方のレストランでも安心して食事ができそうだ（飲みすぎて電車を乗り過ごす心配もない！）。そんなわけで、パラトランジットは僕のシカゴ生活をより豊かにするために、ぜひとも活用したいサービスなのである。

障害者の「健康で文化的な生活」にとって不可欠なパラトランジットだが、サービスの対象者（有資格者）であると認定されるまでに、複雑な手続き、厳しい面接が義務付けられている。たとえば軽度障害者ならば、通常のバス・電車を乗り降りする上で大きな支障はないので、有資格者とは認められない。日によって体調が異なる内部（内臓機能）障害者などの場合は、病状に関する詳細な説明書が要求されるケースがある。何よりも悪用、不正を防止することが制度の健全な発展、継続につながるのはいずこも同じなのだろう。

面接を受けるに当たって、まず障害の程度、日常生活の状況を報告する願書を書き込む。そして、身分証明書と医師の診断書を添えて提出する。身分証明書はパスポートを見せればよかったが、医師の診断書で少し引っかかった。「この人は間違いなく全盲の視覚障害者です」という専門家からのお墨付きが求められているわけだが、正式な診断書作成を依頼すると、かなり高額である。このような場合、日本では各自治体が発行する「身体障害者手帳」を示すのが暗黙のルールとなっている。僕は日本の障害者手帳が医者の診断書に相当することをたどたどしい英語で伝えた（医者に行く手間よりも、診断料の方をケチろうと思うから、こちらも必死である）。

最初は米国の規則にこだわっていた担当者も、「どうやらこいつは視覚障害だけでなく、言語も不自由な重複障害らしい」と同情したのか、障害者手帳の提示のみで、面接を受けることを許可してくれた。アメリカ人にとって、読めない漢字がずらずら並ぶ日本語の書類は、それなりに重要だと感じさせる「有り難さ」があるようだ。ちなみに、僕の障害者手帳は四歳の時に取得したものである。本人確認の古びた白黒写真には、かわいらしい（？）幼児が鎮座している。はてさて、面接担当者は、この写真の人物を誰だと思ったのだろうか。ああ、「お孫さんですか」と言われる前に、そろそろ手帳を再発行してもらわなくては。

障害者リハビリテーションと無精ひげ

面接会場に向かうまで、僕には少なからぬ戸惑いがあった。面接では願書の内容に基づき、障害の現状と行動範囲、交通機関の利用方法（介助者の有無）などについて細かく質問された。僕は普段、「視覚障害があっても、そんなに困ることはない」「慣れれば大抵のことは一人でできる」と主張している。実際、日本ではどこへでも一人で出かけるし、バスや電車の乗降にも苦労を感じない。何事も「やればできる」というのが僕の信条である。ところが、パラトランジットの面接では「できない」ことをアピールしなければならない。「やればできる」のなら、どうぞ通常の公共交通機関を使ってくださいということになってしまうだろう。

過去二回のアメリカ生活でも、僕は鉄道やバスを駆使して研究のための調査を繰り返し、旅行を楽しんでいた。だから、アメリカでも「やればできる」は事実である。しかし、不特定多数の人が同乗する公共交通機関とパラトランジットのどちらが精神的・身体的に楽かと問われれば、躊躇なくパラトランジットを選ぶだろう。見常者に比べると、視覚障害者が電車の乗り継ぎ時に道に迷ったり、ホームから転落する危険性は、はるかに高い。やればできることでも、わざわざ無理をしてやらなくてもいい。そんな選択の自由がもっと許容されてもいいのではなかろうか。

面接当日、僕はどうでもいいことで悩んでいた。「ちょっと小汚い服を着ている方がいいかな」「愛用している新しいバッグはやめて、古い鞄を持って行こうか」。視覚、言語に加え、身なりでも「障害」を強調しようという我ながら姑息な手段である。さすがに「障害者＝みすぼらしい」という固定観念が自分の中にもあるのがいやになり、普段着で出かけることにした。でも、おっさんらしさを醸し出すことを意図したわけではないが、なんとなく面倒で無精ひげは剃らなかった（これがあれば四歳の幼児と間違えられることもないか）。

面接では多少ためらいながらも、「視覚障害があるために、介助者がいないと、公共交通機関の利用が困難なこと」を訴えた。屋外を歩く簡単なテストもあったが、小細工はせずに自然体で臨んだ。四歳児の写真も無精ひげも、おそらく面接官には何のインパクトも与えなかったと思うが、まずはパラトランジットの有資格者として無事に認定されることを願っている。とにかく、アメリカはでかい。国内で三時間もの時差がある広大な国だから、有資格者の結果が出るまでに三週間もかかるとのこと。四歳から今日に至る「おっさん化＝成長」のプロセス、我が人生の時差を噛みしめつつ、のんびり吉報を待つことにしよう（さあ、三週間で何回くらい無精ひげを剃ろうかなあ）。

今回の面接は、自分の「障害」を見つめ直す貴重な機会となった。従来の障害者リハビリテーションといえば、「やればできる」ことを増やすという発想が主流だった。「やればできる」ことをたくさん持っている障害者が、有能な社会人として尊敬されてきた。僕自身も盲学校で点字を学習し、白杖を用いた単独歩行の訓練に取り組んだ。大学時代には独力で墨字（視覚文字）の文書が作れるように、音声パソコンの操作練習を積み重ねた。「やればできる」ことが確実に増えていく喜びから自信が生まれるのは確かだし、そういった自信が障害者の自立を助長するのも疑いない。とはいえ、時には「できる」ことをあえて「やらない」自由があってもいいと思う。できればやる、でもやらなくてもいい。これまで、マイノリティである障害者には「やらない」自由があまりに少なかったのではなかろうか。高齢者や障害者が「やればできる」ことを自主的に開拓していく姿勢は今後の福祉社会を築く上で必須だが、同時に「できればやる、でも無理にやらなくてもいい」というスタンスも忘れてはなるまい。

掃除も料理も、やればできる。でも、やらなくてもいい？　ああ、こんな屁理屈をこねていたら、妻に怒られそうだ。「乗れるなら　来るまで待とう　パラトラ車」

付記

十月初め、パラトランジット有資格者の認定証が僕の手元に届いた。渋滞（ドライバーの怠慢？）のため車が遅れ、飛行機・電車に間に合わなかったというトラブルも数回経験し、僕はアメリカの「できるのに、やらない」マイペース文化を思い知らされた。しかし、それを割り引いても、パラトランジットのおかげで、僕のシカゴ生活が快適なものとなったのは間違いない。

2　進むべきか止まるべきか、それが問題だ！

視覚障害者の散歩

「この道を行けばどうなるものか、危ぶむなかれ。危ぶめば道はなし。踏み出せばその一足が道となり、その一足が道となる。迷わず行けよ。行けばわかるさ。」

これはアントニオ猪木が引退時に発表した「道」という詩である。幼いころからプロレスファンだった僕は、二〇一三年七月の参議院議員選挙では「危ぶむなかれ」とばかりに、点字で猪木の名前を書いて投票した。民博の個人研究室には、「道」が印刷された闘魂絵馬を飾っている。先日、「道」の一つ一つの言葉を噛みしめつつ読み返していて、「踏み出せばその一足が道となり」とは、視覚障害者の単独歩行に通じる真理なのではないかと気づいた。いつものごとく我田引水し、一人で感動している。

ところで、全盲者が散歩することは可能なのだろうか。歩き慣れて頭の中にしっかりした地図がある道ならば、視覚障害者も比較的自由に単独歩行できる。また健康のために、見常者の友人・家族といっしょにウォーキングを楽しむ視覚障害者も多い。とはいえ、目の見えない者の歩行が危険と隣り合わせなのも事実である。残念ながら日本の交通環境は、視覚障害者にとって「迷わず行けよ」というものではない。放置自転車などの障害物に接触して、方向を失うケースは珍しくないし、毎日通る道でも、工事のために状況が変わっていることがしばしばある。

僕自身も、民博に就職してから数年間は、万博公園内で「したくない散歩」を強いられたことが何度もあった。考え事をしながらぶらぶら歩くと、よく知っているはずの道でも迷ってしまうのである。自分がどこにいるのかがわからず、いつ終わるのかも予想できない散歩は、あまり気持ちいいものではない。まあ、「この道を行けばどうなるものか」と自問自答しつつ、一足ずつ前進するのも時には悪くないが、すくなくとも通勤経路の公園で迷うのは避けたい。

そんな視覚障害者の単独歩行の強い味方となるのが点字ブロックである。突起のあるブロックを足裏と白杖で確かめて歩けば、視覚障害者の安全が確保される。日本では鉄道の駅や公共施設で点字ブロックを頻繁に見かけるようになった。線状のブロックは「この方向に進んでください」という誘導用であり、点状のブロックは「ここで止まってください」を示す警告用として敷設されている。

点字ブロックは日本オリジナルの発明品で、一九六七年に世界で初めて岡山市内に設置された。ラッシュ時の移動や横断歩道を渡る際の方向確認のために、点字ブロックは僕の日常生活にとっても不可欠のツールとなっている。だが、点字ブロックを完備した駅ホームでも、視覚障害者の転落事故が起きているので、ハード面の充実のみに頼るわけにはいかない。点や線の摩耗を防ぐ定期的なメンテナンス、ブロックの上に立ったり、荷物を置いたりする見常者のマナー向上も課題である。

日本では徐々に市民権を得ている点字ブロックだが、海外ではまださほど一般的とはいえない。「欧米では点字ブロックがほとんどないが、周囲の人が親切なので、単独歩行で困ることは日本よりも少ない」というのが、これまでの僕の印象である。民博着任後、短期・長期を合わせて米国には度々出張しているが、街中で点字ブロックに出会うことはあまりなかった。二〇〇二〜〇三年のプリンストン滞在時には、ニューヨークの地下鉄駅で警告用ブロックを時々見かけるくらいだった。

ところが、今回シカゴに来てみて、米国の点字ブロック事情が変化していることに驚いた。僕の

写真４　自宅アパート近くの交差点に敷設された点字ブロック（2013年９月撮影）

自宅周辺を含め、シカゴ市内の大半の交差点に警告用の点字ブロックが整備されているのである。日本の点字ブロックと異なり、なんとなく敷設方法が粗雑（大ざっぱ）なので、歩道から剥がれかけているものもあるが、横断時に進行方向を自力で調整できるのは嬉しい。

僕が二〇〇七年にシカゴ大学を短期訪問した際に、点字ブロックにお目にかかった（お足にかかった?）記憶はない。シカゴ市内に点字ブロックが設置されるようになったのは、この五～六年のことらしい。点字ブロックのみならず、駅の券売機の点字表示なども増えている。僕の自宅アパートのエレベーターのパネルにも、点字で階数が併記されており、快適に利用することができる（最初は僕のためにわざわざ付けてくれたのだと思い感謝したが、管理人は点字パネルの存在すら認識していなかった。エレベーターの新設・改修に当たって、点字パネルは自動的に装備されることになっているようだ）。

また、以前はバスや鉄道の車内アナウンスはないのが当たり前だったが、現在は駅名や乗り換え情報がきちんと放送さ

写真5　シカゴ市内の鉄道駅の券売機。点字の説明も付いているが、使い方はやや複雑である（2013年9月撮影）

れている。駅名の表示や周りの景色を見て確かめることができない視覚障害者にとって、車内アナウンスはありがたい。車内アナウンスがあまりないころは、バスの運転手や周囲の乗客に「僕は○○駅で降りたいから教えてください」と頼んでいた。そういったコミュニケーションも異文化体験としては有意義だが、なにせ人任せなので当てにならないこともある。

カリフォルニア留学時代、深夜のバスに乗って帰宅したことがあった。いつものように運転手に停留所の名前を告げたが、彼はぼんやりしていたのか、僕が降りたいバス停を通り過ぎてしまった。「ごめん、忘れちゃったよ。一時間くらい乗ったら終点に着いて、また引き返してくるから、そのまま乗ってたらいいよ。帰りの料金はいらないし」と、運転手は明るく言う。さすがに二時間もバスに揺られ、「料金がいらない」ドライブを強要されるのも困るので、やむなく途中下車した。深夜に見知らぬバス停で、ちょっと怖そうなアメリカ人に囲まれてバスを待つのは、なんともいやなものだ（こういう時は周りの様子が「見えない」方が気楽である）。シカゴではパラトランジット・サービスもあるので、真夜中の放浪はしなくてもよさそうだ。

米国の障害者が移動・外出しやすい社会環境が整ってきた背景には、ＡＤＡの影響がある。ＡＤＡは、公民権法の理念を障害者に適用したもので、雇用・公共サービスなどにおける差別禁止を主な内容としている。一九九〇年の制定から二十年が過ぎ、ＡＤＡが確実に米国民の間に根付いているのを感じる。シカゴ大学の教員との雑談の中でもＡＤＡの話題はよく出るし、ＡＤＡ関連の訴訟を専門とする弁護士も数多く活躍している。

日本的な曖昧さ、猪木の「行けばわかるさ」精神が好きな僕は、差別とは法律で禁止できるものではないと思う。しかし、ＡＤＡ成立後のアメリカ社会の変化を手と足で実感してみると、やはり法律の力も認めざるを得ない。視覚障害者が「危ぶむなかれ」「迷わず行けよ」と、安心して散歩できる夢の実現は、日本よりも米国の方が早いかもしれない。ああ、点字ブロック、点字サインの先進国である日本もうかうかしていられないぞ！

点字ブロックの日米比較

さて、点字ブロックは視覚障害者の歩行の自由を保障する有効な試みとして評価できる。その点において日米に大差はないものの、どうも「自由」に対する考え方が違うのではないかと感じる。少し堅苦しい表現になるが、自由には以下の二つの意味があるとされている。他のものから束縛を受けないのが「消極的自由」で、自主的・主体的に自己の本性に従うのが「積極的自由」である。この定義を応用すると、日本の点字ブロックは消極的自由を、アメリカの点字ブロックは積極的自由を重視しているといえるだろうか。

前述したように点字ブロックは日本生まれの造語なので、直訳して「braille block」と言ってもアメリカでは通じない。点字ブロックは触読文字である点字とは直接関係ないが、その開発当時の一九六〇年代には「点字＝盲人」という常識が流布していた。盲人用の触知式ブロックが「点字ブロック」と名付けられた背後には、点字に内包される創造力・発想力を継承し、視覚障害者の歩行の自由を保護・増進しようとする考案者の情熱があった。

点字ブロックに相当する英語として、米国では「tactile warning strip」（触知式警告板）が使われている。この語を知った時、僕には多少の違和感があった。日本の点字ブロックには誘導・警告の二つの機能があるのに、アメリカには警告ブロックしかないのだろうか。あらためて観察してみると、たしかに米国では交差点、駅のプラットホーム以外で点字ブロックに遭遇することはない。視覚障害者施設の内部・周辺にも点字ブロックはまったくないのである。

アメリカの鉄道駅ではホームの端、線路ぎりぎりに点字ブロックが敷設されている。日本ではホーム端から五十〜七十センチ離れているのが一般的である。感覚的には、日本の点字ブロックは

写真６　シカゴの中心部と郊外を結ぶ鉄道駅ホームの点字ブロック（2013年９月撮影）

「この先は危ないですよ」、アメリカの点字ブロックは「ここから先に出るな！」という雰囲気だろうか。日本の駅ホームでは、視覚障害者が点字ブロックを頼りにホーム上を前後に移動することができる。一方、アメリカでは視覚障害者が点字ブロックに沿って歩くことは想定しておらず、あくまでも電車の乗降時の目印（足印）、転落防止用の警告という位置づけなのである。

駅ホームの例が明示するように、どちらかというと日本では警告ブロックよりも誘導ブロックの方が多用されている。見常者の友人から「初めて行く場所で、このブロックを辿っていけば、どこに着くのか、どうしてわかるのですか」とよく訊かれる。もっともな疑問である。駅の改札を抜けて、駅舎の外に出ようとして、点字ブロックの上を歩いていく。すると、四角く駅構内を一周して元の地点に戻ってしまう、なんてことがたまにある。大阪の我が家の近くの歩道には、誘導用ブロックが突然現れ、歩道の途中で消えている事例も見受けられる。歩道のデザインとして点字ブロックを採用しただけなのか、はたまた予算不足でブロックの枚数が足りなくなったのか。じつに不思議である。

視覚障害者の単独歩行とは、大海を航行する小舟に類似している。点字ブロックを発見すると、「ああ、ここは安心して歩けるぞ」と、ある種の解放感を味わうことができる。ただし点字ブロックは、エスカレーターのように、じっとしていれば目的地まで連れていってくれるわけではない。点字ブロックをうまく活用するテクニックは、視覚障害者の歩行経験の積み重ねによって鍛えられるものといえるだろう。

もう一つ、最近少し気になることがある。日本では「視覚障害者対応＝点字ブロックの敷設」というイメージが広く定着している。これは間違いではないし、点字ブロックが増えて、視覚障害者に対する世間の関心が高まるのは歓迎すべきことである。しかし、点字ブロックとは視覚障害者の歩行の安全を確保する一方で、彼らが歩く道を限定していることにも注意を向けねばなるまい。わずか三十センチほどの幅のブロックを足裏や杖で確認しつつ歩くのは窮屈なものである。ブロックを踏み外して方向がわからなくなるストレス、不安感は意外に大きい。

民博の館内の会議でも「展示場に誘導ブロックを設置してはどうか」「モノレール駅から民博まで、万博公園内に誘導ブロックがある方がいいのではないか」という提案を時々いただく。それはたいへんありがたいのだが、僕は単純に賛同できない。点字ブロックを整備し、「視覚障害者に開かれたミュージアム」であることを内外に宣言するのは大切だが、はたしてその点字ブロックを辿って、どれくらいの視覚障害者が単独で民博にやってくるのだろう。

もちろん数の問題ではないが、緊張しながら点字ブロック上を歩いて来館することが、ほんとうに視覚障害者にとって楽しい博物館訪問となるのか。まだ僕にもはっきりした結論を出すことはできないが、物言わぬ点字ブロックに誘導を委ねるのでなく、見常者のスタッフがモノレール駅〜民博間を送迎するなど、「人による案内」を充実させる方が重要なのではないかと思う。

それはさておき、ここからは点字ブロックを素材とする独断と偏見の日米比較文化論である。到着から二か月が過ぎた今日でも、線路ぎりぎりに敷かれたシカゴの鉄道駅の点字ブロックには、正直なところ恐怖感を覚える。まさに、一歩先は崖なのである。一足踏み出せば「道」はない。やはり日本の駅の方がいいなあというのが素直な感想である。でも近頃は、アメリカ流も少しずつ理解できるようになった。とりあえず自主的・主体的に歩いてみる。困った時には周囲の見常者が手を貸してくれるし、危険な場所には警告ブロックもある。警告ブロックにぶつかるまでは、のんびり自分のペースで歩行してみよう。これが自己決定を尊重するアメリカン・ウェイ・オブ・ライフであろう。

他方、日本の点字ブロックの特徴を代表するのは、曲がり角に直角に配置された誘導ブロックである。おそらく見常者が歩行する際は、無意識のうちに斜めに歩いたり、ゆるやかにカーブし、最短距離を選んでいる。だが点字ブロックでは、あくまでも直線移動が基本である。視覚障害者をより正確に誘導するためには、少々回り道になるくらいは問題ないということだろう。たしかに、三十センチ幅のブロックの上をゆっくり歩いていれば、物に衝突したり、段差につまずく危険は解消される。余計な心配をせずに歩けるのはいいが、何事も杓子定規で、型にはめたがる日本人気質が点字ブロックにも表れているような気がする。アメリカ人だったら「そもそも、誰が誰を誘導するんだ。自分たちの好きなように歩かせてくれよ」と言うに違いない。

もしかすると、日米の点字ブロックの設置方法の相違は、国土（歩道）の広さに由来しているのかもしれない。当然ながら狭い国土（歩道）では障害物も多く、誘導ブロックが必要となる。広い国土（歩道）では多様な歩き方、すなわち十人十色のウェイ・オブ・ライフが共存しており、視覚障害者には危険を警告するブロックさえあれば十分なのである。消極的な自由と積極的な自由。どちらも視覚障害者の歩行にとって看過できない要素であり、点字ブロックの敷設に当たっては日本式（最大限）・アメリカ式（最小限）の両方のスタンスを柔軟に使い分けていくことが望まれる。

警告ブロックは、この五～六年の間に米国内に急速に普及した。それでは、誘導ブロックは今後採用される可能性があるのか。アメリカでも「踏み出せばその一足が道となる」闘魂を持って、僕なりに自由なフィールドワークを続けていきたい。「ブロックが　あれば極楽　なきゃ天国」

第二章　もりもり・がつがつ——二〇一三年十月の響記から

1　寿司と合気道の不思議な関係

世界に誇るニホン文化

「今晩、時間はあるか。五百ドル分のスシを用意するから、おまえも食べにこいよ」。僕はスシという言葉に引き寄せられて、シカゴ大学の新入生歓迎パーティーに出かけた。このパーティーでは、学内のさまざまなクラブがブースを出し、新入生を勧誘する。上記のありがたい申し出は、合気道クラブのインストラクターからのお誘いである。八月のシカゴ到着直後から、僕は学内の合気道クラブ「元気会」に顔を出している。その目的は二つある。一つは、アメリカンフードをもりもり食べても太らないためのささやかなダイエット作戦。もう一つは、英語の実力不足で味わう劣等感を合気道の技で跳ね返してやろうという少々不純な願望である。ダイエットの方はそれなりに効果があるようだが、どうも二つ目の計画は初日の稽古で早くも挫折してしまった。

さて、新入生歓迎パーティーでは、続々と若者が元気会のブースを訪れた。インストラクター、その他数名のクラブ員が熱心に合気道の説明をする。あちこちから不特定多数の人の声が聞こえる

THE UNIVERSITY OF CHICAGO
KI-AIKIDÔ CLUB

写真７　シカゴ大学の合気道クラブのロゴ（「元気会」提供）

雑然とした会場では、完全に僕は戦力外である。どうやら「このスシはおいしいぞ！」「我がクラブはパーティーのために、こんなに豪華なスシを準備したんだ！」とアピールするのが僕の役割らしい。周りの状況が見えず、英語の会話もほとんど聞き取れない僕は、ひたすらスシを食べ続けた。

考えてみると、寿司も合気道も世界に誇るべき日本文化だが、アメリカでの受容スタイルはだいぶ異なる。まず合気道の道場における稽古方法には、日米で大きな差異はない。元気会は体育館の一室にマットを敷いて道場として使っているが、道場内ではアメリカ人も裸足となり正座する。元気会のインストラクターはトルコ系アメリカ人のシカゴ大教員である。来日経験は一度しかないそうだが、在米日本人の師範の下で長年修行しているので、片言の日本語を喋ることもできる。稽古初日、僕は彼の技のレベルの高さに驚いた。「インストラクターといってもアメリカの道場だし、もしかしたら僕の方が……」という自信は一瞬にして吹き飛んだ。

インストラクターの身長は一六〇センチそこそこで、僕と同じくらいだが、おそらく体重は百キロ近くあるだろう。ところが、この巨体がマットの上では軽やかに動くのである。身長とウエストがほぼ同じという丸い体型、親しみやすい口調など、どことなく毎年のドラフト会議の選択指名選手のアナウンスで一世を風靡した元パリーグ広報部長のパンチョ伊東（伊東一雄）氏に雰囲気が似ている。僕は密かに彼を「パンチョ師」と呼ぶことにした。百キロの巨体のパンチョ師が受け身姿勢で勢いよくマットに倒れる際の音がすごい。この音を聞くと、なんだか自分の合気道の技が上達したような気になるから嬉しい。ちなみに、パンチョ師の専門は文化人類学。やはり人類学者は大食いで変わり者が多いのだろうか。

米国の各地に合気道道場はたくさんあるが、それらの大半でアメリカ人インストラクターが指導に当たっている。でも、多くのアメリカの道場が日本の本部道場と密接な関係を持っており、年に数回、日本人の師範を招いて講習会を開催することが道場の権威、信頼につながっているようだ。合気道は、日本文化がそのままの形でアメリカに受け入れられた代表例といえよう。

一方、日本の寿司とアメリカのスシは微妙に違う。スシはヘルシーフードとしてアメリカ社会に定着し、一般のスーパーや大学内の売店でも巻き寿司（スシロール）を入手することができる。ただし、日本人からすると、「これはちょっと……」と思うスシが多い。和風の創作料理と解釈できないこともないが、とにかくいろいろな食物をスシの具材に使う。アボカド、キュウリ、ゴマなどを用いるカリフォルニアロールは有名だが、他にも多種多様な野菜、天ぷら、照り焼きを入れるスシロールがある。それぞれの店がオリジナルのスシを作ることを楽しんでいるという面もあるのだろう。

米国内で「日本食」を名乗るレストランは確実に増えている。日本人居住者がいない田舎町でも

写真8　自宅近くの日本食レストランの「ちょっと怪しいスシ」(2013年8月撮影)

写真9　自宅近くのスーパーで購入した「Inari Roll」(2013年10月撮影)

スシに出会うようになった。寿司からスシへと、日本文化がアメリカナイズされて新たな展開を見せるのは興味深いが、米国内の日本食レストランの多くは中国系、韓国系の人々が経営している。パンチョ師が愛用する日本料理店のオーナーはタイ人である。僕は日本食とは似て非なるジャパニーズフードにも慣れて、「まあ、これはこれでおいしいな」と納得しつつも、多少の戸惑いを感じている。

「心」を自覚する

では、合気道と寿司の違いはどこにあるのだろうか。僕は新入生歓迎パーティーの喧騒の中、ぼんやりと考えていた。合気道では「心身統一」が目標とされている。「心が身体を動かす」が元気会の基本理念である。パンチョ師は「心は目で見ることができない。しかし、身体を動かす心の働きを実感することはできる」と、しばしば強調している。元気会の稽古では「awareness」（自覚）という語が頻繁に使用される。相手と争うのでなく、自分の心の存在をしっかり自覚し、それを自由にコントロールする。そして、相手の心を尊重し、自然（宇宙）の気の流れのままに導く。これが合気道の眼目なのである（まだ僕は自身の未熟さを自覚するレベルで留まっているが）。

資本主義社会の厳しい現実と日々向き合うアメリカ人にとって、目に見えない心を重視する合気道は、ある種の癒しとなっているのかもしれない。同じ武道でも、国際化のプロセスにおいて、合気道と一線を画するのが柔道である。すでに柔道とjｕｄｏの相違は、各方面で指摘されている。

本来の柔道は、合気道と同じように、心を育み鍛える武道だったが、オリンピック競技として世界的に普及する過程で、勝負至上主義が柔道を変質させていった。合気道の最大の特徴は試合をしない点にあるが、僕は道場のマットでパンチョ師の巨体と戯れながら、アメリカにおける合気道のさらなる発展を確信した。

元気会のブースのスシがなくなったころ、ふと僕は「寿司と柔道は類似しているなあ」と気づいた。「儲かればいいだろう」「アメリカ人に支持されるのが第一」という逞しい商魂から米国製のスシが生まれ広がっていく。身体（目に見えるもの）が優先されて、心（目に見えないもの）が忘れられてしまうのが今の世の中なのかな。

寿司と合気道の不思議な関係について果てしない妄想を続けていた僕に、パンチョ師が声をかける。「Ｋｏｊｉｒｏ、そろそろ帰ろう」。ああ、「心ここにあらず」でスシを食べてばかりの僕のことをパンチョ師はどう思ったのだろう。それにしても、たぶん五百ドルのうち二百ドルくらいは僕とパンチョ師で平らげたような気がする。何といっても日本の寿司がうまいけど、スシも悪くないぞ！

スシの威力、はたまた僕の食べっぷりのおかげか、元気会には四名ほどの新入生が入部した。若い彼らの心は、これからどこに向かうのか。パンチョ師とともに見守っていきたい。「スシ食えば人が来るなり　合気道」

2　重箱の隅、はたまた大風呂敷

アメリカで日本史を学ぶ

「日本の歴史や宗教を研究しているあなたが、なぜアメリカの大学に行くのですか」。友人からよくこんな素朴な疑問を投げかけられる。「毎日ハンバーガーやピザばかり食べていると、和食のありがたさ、すばらしさを実感できる。それと同じように、時には海外から日本を客観的にとらえ直すことが大切なんだ」。これが僕のとりあえずの答えだが、「おまえは日本でもハンバーガーやピザを喜んで食べているではないか。わざわざ外国に行かなくてもいいんじゃないの」と反論されると、僕も困ってしまう。どうも友人を完全に納得させることはできないようだ。とはいえ、過去二回のアメリカ滞在経験が、僕の研究の発展・深化に寄与しているのは確かである。

僕が海外で日本史・日本文化を学ぶおもしろさに気づいたのは、一九九五〜九六年のカリフォルニア大学バークレー校留学時だった。当初、僕は文化人類学の理論をしっかり身につけることを留学の主目的としていた。張り切って文化人類学の概論的な講義のいくつかに出席してみたが、僕の英語力では授業内容の一割か二割しか理解できなかった。おまけに、毎回のレクチャーに参加するためには、膨大な参考文献を事前に読んでおくことが義務付けられている。

学内には「disabled student program」（障害学生支援室）という部署があり、視覚障害学生にはテキ

写真10　カリフォルニア大学留学時、20代の筆者（1996年5月撮影）

スト、参考書を音読する「reader」（音訳者）を斡旋してくれる。音訳者には大学から時給制で謝金が支払われており、障害学生は遠慮なく「仕事」として音訳を依頼できる。日本語の文献ならば音訳してもらえば十分だが、英語の専門書となると、耳だけで読解するのは辛かった。

「授業の内容がわからない」「予習も思うように進まない」と悩んでいた僕は、ある日、ついに悟りを開いた（というか、あきらめの境地に達した）。「この文化人類学の講義を日本語で聴いたとしても、たぶん半分くらいしか理解できないのではないか。難解な理論の話を英語で聴いてもわからないのは当たり前だぞ」。自慢するような悟りではないが、「ダメなものはダメ、難しいものは難しい」と開き直ってからは、気分的にずいぶん楽になった。

人類学の授業で落ちこぼれになっているだけでは悔しいので、気休めに日本史の概論を受講してみることにした。「日本史ならば基礎知識があるし、予習なしでも講義内容を把握できるに違いない」という安易な思い付きで、日本近代史の授業に出席するようになったが、結果的に米国のダイナミックな日本史研究から、僕はさまざまな刺激を受けることになるのである。

もともと僕は時代劇、歴史小説（いわゆるチャンバラ物）が好きで、戦国武将や幕末の志士にあこがれていた。その延長で、なんとなく大学の日本史学科へ進学したのである。一般に日本の大学の日本史学科では、三回生になって専門課程に入る際に、まず自分が勉強する時代をきちんと決めることが求められる。演習や講義の担当教員も、古代・中世・近世・近現代に明確に住み分けされている。高校までの日本史では古代から現代に至る通史を学ぶが、大学の専門科目では限られた時代の歴史を深く掘り下げる研究が主眼とされるのである。

いい意味でも悪い意味でも、日本における日本史研究には、すくなくとも近代の大学制度成立後、百年以上の蓄積があり、研究の個別・細分化が進んでいる。僕は三回生になって、なんとなく中世史（鎌倉・室町時代）専攻を選んだが、同じ中世でも政治史・宗教史・社会史など、分析対象も研究手法も多様だった。

自分が専門課程の勉強を始めてみて、日本史の研究分野が個別・細分化せざるを得ない厚みを保持していることを確認する一方、重箱の隅をつつくような論文の多さに違和感を抱いたのも事実である。「何のための研究なのか」「この論文が世の中にとって、どんな意味を持つのか」。我ながら多少青臭いとは思うが、やはり僕は「研究とは人類の実生活に役に立つべきものである」と信じている。

カリフォルニア大学留学時に僕が出会ったアメリカ人の教授、大学院生の日本史研究には、近年

写真11　プリンストン大学滞在時、30代の筆者（2002年10月撮影）

の日本人研究者が見失っている躍動感があった。たしかに、アメリカにおける日本史研究の歴史は浅いし、研究者の数も圧倒的に少ない。しかし、時代全体を幅広い視点で見通す歴史観、中国や韓国、欧米社会との大胆な比較を踏まえた世界認識には、しばしば興奮させられた。そこには、個別・細分化した日本史研究に一石を投じる「大風呂敷」の魅力があった。

二〇〇二〜〇三年にお世話になったプリンストン大学の日本史の主任教授も、室町期の五山文学の形成、明治期の岩倉使節団の役割など、時代区分にこだわらない多彩で自由な研究を行なっていた。プリンストンの日本史の授業に出ていると、自分が戦国武将や幕末の志士に対するあこがれから日本史研究に入ったころの「何も知らない」純粋さ（怖さと強さ）を懐かしく思い出したものである。やや抽象的な言い方になるが、米国での二度の日本史学習体験を通じて、僕は重箱を大風呂敷で包むような綿密でスケールの大きい日本史・日本文化研究ができないものかと、なんとなく、でも真剣に考え続けている。

写真12　シカゴ大学のキャンパスにて、40代の筆者（2013年９月撮影）

米国における日本研究の動向

前置きが長くなったが、十月十八〜十九日にシカゴ大学で開かれた「日本文学研究協会」（ＡＪＬＳ＝Association for Japanese Literary Studies）の大会に参加した。日本人研究者を含め、全米から百名ほどの大学教員・院生が集まっており、各パネルでは、しっかり準備された研究発表に基づく熱心な議論が繰り広げられた。

アメリカで日本関係の学会、研究会に出席する僕の密かな楽しみは、「愛すべき変わり者」と知り合うことである。今回の学会では英語で報告、質疑応答がなされたが、じつは大半の参加者は流暢な日本語を操ることができる。アメリカの日本研究者の多くは、大学のプログラムで日本語の読み書きを徹底的に練習した後、日本に留学する。アメリカに戻るころには、日本語の日常会話に支障がないのはもちろん、日本人でも読めないような漢字が並ぶ史料を解読して論文を書けるようになるのである。僕が顔を出したＡＪＬＳのパネルでも、古代〜近世の文献を駆使するレベルの高い報告が相次いだ。

余談だが、日本留学中に日本人と親しくなり、国際結婚するというケースもよく見受けられる。僕の身近でも、アメリカ人の男性研究者と日本人女性のカップルは多い。だが、アメリカ人の女性研究者と日本人男性の結婚例はきわめて少ない。やはり日本人男性は欧米の男性よりも肉体的・精神的にかっこよくないのかなと、少々ひがんでしまう（何事も中年オヤジである自分を基準にしてはいけないが）。

シカゴ大学にも日本文学・日本史研究を志す大学院生が多数いるが、僕が彼らと話す際に使うのは日本語である。僕の英語力と彼らの日本語力を比べれば、日本語によるコミュニケーションを選ぶのが当然だが、周囲に優秀な日本研究者がいることが、僕の英語がなかなか上達しない一因なのかもしれない（などと、自分の怠惰を棚に上げて、人のせいにするのはよくないだろう）。

シカゴ大学の院生の中には、津軽三味線の師匠に弟子入りし、津軽訛りの日本語を喋るジョシュア君、戦後文学の研究をしており、僕が知らない作家の名前を次々に挙げるニック君など、愛すべき変わり者が揃っている。なぜ彼らは「日本」を研究対象に選んだのだろうか。その理由ははっきりしない。「なんとなく日本が好きで……」「たまたま日本に旅行したのがきっかけで」など、気づいたら、いつの間にか「日本」にのめりこんでいたという研究者が多い。チャンバラへの興味から日本史研究を始めた僕としては、愛すべき変わり者たちの「なんとなく」「いつの間にか」という曖昧さには大いに共感する。

二〇一〇年に米国で刊行されたマーギー・プロイスの『Heart of a Samurai』（日本語版は金原瑞人訳『ジョン万次郎——海を渡ったサムライ魂』集英社、二〇一二）は、単なる児童文学という枠を超えて、日米で話題となった。ジョン万次郎（一八二七〜一八九八）の漂流、米国船による救助、アメリカでの生活、帰国後の通訳としての活躍という波乱万丈の生涯。彼の清廉潔白な生き方（サムライ魂）がアメリカ人に新鮮な感動をもたらすのだろう。

「サムライ」は英語としてもすっかり定着したが、アメリカの日本研究者は、日本のサムライ魂に、自分たちの価値観・人間観とは異質な心象風景を見ているような気がする。誤解を恐れずに言えば、アメリカの日本研究者には、比較的裕福な白人家庭の出身者が目立つ。彼らは何の不自由もない日常の中で、漠然とした不安や不満を抱えている（ここが愛すべき変わり者が生まれる源泉ともいえる）。その不安、不満を解消する一つの手立てとして、キリスト教的な道徳とは別体系のサムライ魂が理想化されているのである。

話をＡＪＬＳの学会に戻そう。各研究発表の質の高さには先ほども言及したが、その一方で僕は少しがっかりもさせられた。博士論文の作成に取り組む若い世代の報告が多かったというのも原因だと思うが、アメリカの日本研究も個別・細分化していることを強く感じた。

たしかに、エドウィン・ライシャワー、ドナルド・キーンなど、我が国でも著名な研究者が担っていた日本文化の紹介、概説という時代は終わり、より深い実証研究が必要とされているのは間違いない。でも、九〇年代に僕にインパクトを与えた大風呂敷の魅力は、残念ながら二〇一三年の日本文学研究協会の大会では消え去っていた。「何のための研究なのか」「この論文が世の中にとって、どんな意味を持つのか」。日本文学の研究発表なのに内容がよくわからない中年オヤジは、自分の英語の実力不足も忘れ、若いアメリカ人研究者たちに青臭い議論を吹っかけてみたくなった（愛すべき変わり者たちに「あなた、もっと勉強してください」と一蹴されてしまいそうだが）。「サムライの心を探る　変わり者」

3　サムライ魂とボランティア

基調公演の迫力

シカゴ大学で行われたＡＪＬＳの大会レポートを続けよう。もちろんＡＪＬＳの学会には、アメリカの日本研究のバイタリティ、サムライ魂の可能性を再確認する場面もあった。学会初日の夜には「keynote performance」と称して、日本から招聘したミュージシャンのコンサートが開催された。基調講演でなく、基調公演というのは日本の学会ではあまりない企画なので感心した。

日本から招かれたのは早川義夫氏。六〇年代後半にロックバンド「ジャックス」のメンバーとして活躍したシンガーソングライターで、代表曲の「サルビアの花」は後輩の歌手たちによってカバーされ歌い継がれている。現在の日本では「知る人ぞ知る＝伝説的な」存在であり、率直なところメジャーなアーティストとはいえない。僕は早川氏の音楽についてコメントできないが、彼をスペシャルゲストとしてアメリカに招待したのは、学会オーガナイザー（シカゴ大教授）の趣味である。二十一世紀の日本では過去の人として忘れられているアーティストの歴史的役割にあえて注目した教授のセンスは、かなり渋い。いや、マニアックというべきか（ああ、ここにも愛すべき変わり者がいた！）。

コンサートには学会参加者に加え、一般市民、学生など、二百名ほどの聴衆が集まった。「日本人、しかも六十歳を過ぎたミュージシャンのコンサートで、はたしてアメリカ人を魅了することができるのか」。僕は半信半疑でコンサートの開演を待った。学会オーガナイザーの最終判断で、コンサートには日英の通訳を入れないことになったという。通訳がなくても、少なからぬ来場者は日本語を聞き取ることができるわけだが、日本語がわからない人にも「音の響き」としてコンサートを楽しんでほしいというのが、主催者の真意だった。それは僕が味わったブルースのライブの迫力、あるいはラフカディオ・ハーンが瞽女唄の震動を体感した状況に類似しているともいえるだろう。

早川氏は日本語でのトークを必要最小限にとどめ、とにかく楽曲に込めた「魂の叫び」を素直に伝える形でコンサートを進行した。主催者、そして僕の予想をも上回り、アンコールを求める拍手が繰り返された。基調公演は大成功だった。おそらく歌詞の意味を正確に理解するという点において、日本人の僕はアメリカ人に比して一日の長がある。だが、サムライ魂（ジャパニーズソングの音の響き）を全身の肌で受信する面では、アメリカ人研究者の方が適しているのではなかろうか。

写真13　アメリカナイズされた日本食①＝癖になる味「Sukiyaki-Don」(2013年9月撮影)

写真14　アメリカナイズされた日本食②＝ジャパニーズフードの定番「Teriyaki-Chicken」(2013年8月撮影)

写真15　アメリカナイズされた日本食③＝ちょっと名前が変だけど「Pork-Tonkatsu」（2013年９月撮影）

今後、アメリカにおける日本史・日本文学研究は、ますます個別・細分化していくだろう。日本人研究者にもできないような鋭い史料批判によって、アメリカから「歴史の書き換え」を迫られるケースも増えるに違いない。しかし、テクスト（文献）解釈のみを重視し、アメリカ人が日本人と同じような研究をしてもおもしろくないじゃないかと、大風呂敷好きの僕は思ってしまう。アメリカ人にはアメリカ人にしかできないようなユニークな研究があるはず。日本語の通訳なしで盛り上がった早川氏の公演会場で、僕はサムライ魂を呼び覚ますようなアメリカ人による日本研究の新たな勃興に期待を膨らませた。

ボランティアも愛すべき変わり者なり

蛇足ながら、最後に穴だらけの我が大風呂敷を広げることにしよう。アメリカ人の日本研究者（愛すべき変わり者）たちは、点訳・音訳ボランティアに似ているのではないかと、僕はいつも感じる。いささか強引なこじつけになるが、視覚障害者の実体験に根ざす持論にお付き合いいただきたい。

日本語を喋り、島国に暮らす日本人は、国際社会にあってはマイナーな民族である。米国で「日本」がどのように受け入れられているかを調査するのが、今回の僕の在外研究の重要テーマなので、シカゴでも日本人居住者、日系人の動向には常に着目している（そう、スシを食べたり、合気道の道場に通うのも「研究」の一環なのだ！）。アメリカ人コミュニティ、キリスト教精神が根底にある地域共同体の中で、なんとか自分らしい生活をしようとする日本人・日系人の姿は、見常者中心の社会でマイノリティとして生きる視覚障害者に重なる。

視覚障害者と一般社会をつなぐ架け橋となるのが点訳・音訳ボランティアである。同様に、日本人と国際社会を結びつける有力な手助けをしてくれるのが、アメリカ人の日本研究者だろう。有能なボランティアを育てるのが障害当事者であるように、アメリカ人研究者にサムライ魂を吹き込むのは、僕たち日本人の責任なのではなかろうか。

早川義夫氏の基調公演会場で、僕は二〇一二年六月に実施したイベント「ボランティアは〈目が見える視覚障害者〉になれるのか!?」のことを想起していた。このイベントは、僕が所属する「視覚障害者文化を育てる会」（4しょく会）が主催したシンポジウムである。本イベント以後、僕は独自の切り口でボランティアを再定義するためのささやかな実践を積み重ねている。以下に掲げる案内文の中の「視覚障害者」を日本人に、「ボランティア」をアメリカ人の日本研究者に置き換えて熟読玩味してほしい。

＊　＊　＊　＊　＊

ボランティアは〈目が見える視覚障害者〉になれるのか!?
～「for」でも「with」でもない「from the blind」の立ち位置～

ボランティアとは〈結びつける人〉である！　点訳ボランティアは視覚情報を触覚情報に変換し、音訳ボランティアは視覚情報を聴覚情報に変換することによって、視覚障害者と見常者を結びつけてきました。ガイドボランティアは、視覚障害者と社会を結びつける手引きをする存在ともいえます。かつてボランティアは、視覚障害者の不自由・不利益を取り除く「for the blind」（支援）の活動を推進しました。多くのボランティアのサポートにより、視覚障害者のＱＯＬが向上したのは間違いありません。

「ともに生きる＝共生」という理念がもてはやされるようになると、ボランティアの姿勢は「for」（一方向）から「with」（双方向）へとシフトしました。しかし、明らかに立場の異なる視覚障害者と見常者は、真の意味で平等に「共生」することができるのでしょうか。そもそも、見常者は視覚障害者との結びつきがなくても社会生活することができます。一方、視覚障害者の自立には見常者との日常的な結びつきが不可欠です。「with」の背景には、あくまでも「受け入れる」側にいる見常者の強さ、「受け入れられる」ために努力を強いられる視覚障害者の弱さが見え隠れしています。

「視覚障害者文化を育てる会」(4しょく会)はこの十年間、視覚障害者からの発信(from the blind)を重視するイベントを企画してきました。発足十一年目を迎える本会の課題は、「from the blind」の実践にどれだけの見常者を結びつけていけるのかということです。当事者(視覚障害者)/非当事者(見常者)の違いはあるものの、当事者性に根ざす文化(視覚障害者文化)をともに自覚し、育てていくことは可能だと信じます。ドナルド・キーン博士は東日本大震災をきっかけとして、日本への永住を決意されました。キーンさんは「青い目の日本人」、すなわち日本人以上に日本文化の価値を熟知する国文学者です。僕たちの目標は、ドナルド・キーンのような〈目が見える視覚障害者〉を育成することだといえるでしょう。

今回のイベントでは、五人の見常者からご自身のボランティア体験談を語っていただきます。参加者各自が、視覚障害者と見常者を結びつけるボランティアの役割を再確認する場になれば幸いです。後半のフリーディスカッションでは「情報保障でなく情報変換」「社会への統合でなく進出」を具体化する〈4しょく会流ボランティア〉の未来について楽しく議論したいと思います。「目に見えぬ 結びをつくる ボランティア」

第三章　そよそよ・ざわざわ——二〇一三年十一月の響記から

1　観光から観風へ

風を感じるクルージング

国の無形文化財保持者にも指定された「最後の高田瞽女」杉本キクエ（一八九八〜一九八三）は、信州への旅について「風がすばらしかった、緑が見えるような気がした」というコメントを残している。実際の景色を見ることができない瞽女たちの「緑が見えるような気がした」経験の積み重ねが、瞽女唄に深さと厚みを与えたのは間違いない。そして、瞽女の活動を支え育んだ見常者たちが、瞽女唄の「音」によって、目には見えない物語世界をありありと想像・創造することができた事実も重要だろう。

僕自身はまだ「緑が見える」境地には達していないが、風については見常者以上に敏感なのではないかと思う。とくにシカゴに来てからは、風を意識する機会が増えた。ミシガン湖からの強風が名物のシカゴは、「ウィンディーシティ」と称されている。夏は心地よい風に誘われて湖畔まで散歩することもあったが、十月末からは風によって体感温度が下がる日が続いている。風が吹くと木の葉や砂埃が舞い、周囲の音も聞こえにくくなるので、視覚障害者の歩行にとって強風は大敵である。

秋に入り風邪をひいてしまったこともあり、僕の風に対するイメージはやや悪くなっていた。だが先日、久しぶりに「風のすばらしさ」を再確認する出来事があった。シカゴはユニークな建築物の多さで知られている。摩天楼といえばニューヨークのマンハッタンを想起するのが一般的だが、じつは米国（世界）の超高層ビルの発祥地はシカゴである。シカゴ川・ミシガン湖を巡る遊覧船から、高層ビル群に代表されるダウンタウンの景色を眺めるクルージングは、シカゴ観光の定番となっている。「寒くならないうちに遊覧船観光を体験しておこう」ということで、十月末の日曜日、シカゴ川の船着き場に出かけた。

正直なところ、「景色を眺める」ツアーは僕にとって、あまりおもしろいものではない。遊覧船上では若い女性ガイドが「右手に見えるビルは……」と、早口の英語で説明を始めた。「はい、右手を見ても何も見えませんよ」と言いたいのを我慢しつつ、僕は冷たい川風にじっと耐える。九十分のクルーズで、船も比較的小型だったので、期待していたラーメン、うどん、おでんなどの食べ物も購入できない（あるわけないか）。時々船は橋の下をくぐり抜ける。その際は船のエンジン音、ガイドの声の聞こえ方が微妙に変わる。僕は景色を見る代わりに、乗客の会話や周りの「音」の変化に一人「注耳」していた。

船はゆっくり進み、やがて川から湖に出た。大半の船客は寒さをものともせず、湖から眺めるシ

写真16　シカゴ川から見た高層ビル「マリーナシティー」（通称・とうもろこしビル）
（2013年10月撮影）

写真17　ミシガン湖から見たシカゴの街（2013年10月撮影）

カゴの景色を満喫していたが、ここで僕にも意外な気づきがあった。「そうか、川と湖では風の流れが違うんだ」。当たり前といえば当たり前だが、川にいる時は一方向から吹いていた風が、湖では四方から巻きつくように吹き付ける。身体で感じる風の強さと方向で、僕は湖の広さを想像した。あらためて「視覚障害者は景色を見ることはできないが、風景を思い描くことはできる」という自信を得た。景色とは肉眼で認識する客観的な「sight」であるのに対し、風景は全身でとらえる主観的な「scene」といえるだろうか。やっと僕も瞽女の身体知のレベルに一歩近づけたような気がする。遊覧船のガイドも、建築物の歴史や高さを解説するだけでなく、もっと風や音にも言及すればいいのにと、つくづく感じた「見えなくて哀しいけど、ちょっと嬉しい」我がクルージングだった。

観光のユニバーサル化をめざして

以前、僕は「観光から感光へ」というエッセーを書いたことがある（拙著『さわる文化への招待』世界思想社、二〇〇九所収）。光を見ることができない視覚障害者に、どうすれば光を感じさせることができるのか。これは観光のバリアフリーを考える上で重要な視点である。たとえば前述のクルージングであれば、さわれる高層ビルの模型、船の航路となる川や湖の様子を示す立体地図（触知図）を準備するというのが、すぐに思いつく視覚障害者対応の「感光」だろうか。「感光」は博物館におけるバリアフリー、障害者サービスのあり方にも類似している。

民博着任後、僕は「さわる」「視覚障害」をキーワードとして、ユニバーサル・ミュージアム（誰もが楽しめる博物館）の具体化をめざす実践的研究に取り組んできた。単なるバリアフリーにとどまらず、「さわる展示」を見常者にも通用する普遍的な情報提供／入手スタイルとして練り上げるのが僕の活動の眼目である。その意味では「感光」という発想は不十分であり、観光のユニバーサル化を達成するためには別の概念が必要となるだろう。

近年、見るだけの観光に飽き足りない人々は、さまざまな形の体験型ツアーを模索している。「五感で味わう○○」などというキャッチコピーもよく耳にするようになった。しかし、相変わらず珍しい物を見ることが観光の中心であるのは確かだし、体験型ツアーにおいても、あくまでもメインは視覚で、その補助的役割を果たすのが聴覚や触覚なのだと位置づけられている。博物館の観覧、スポーツ観戦、あるいは観光バスツアーなどに象徴されるように、そもそも古今東西、観光とは見物・見学によって成り立ってきたものだと思う。

僕自身、多種多様な景色を見る楽しさ、すばらしさを否定するつもりはない（そう、美しい景色を見ることができないクルージングでは、障害者割引で料金が半額になってもいいのになあ）。自動車や飛行機での移動が一般化した二十世紀には、短時間で、より多くの物を見ることが観光の目的とされるようになった。とはいえ、もう一つの観光の目的が日常生活から離れる経験だとすれば、見ることを大前提とする見常者のライフスタイルを問い直す場を作るのが、二十一世紀の新たな観光の魅力となるのではなかろうか。

ここで無謀にも僕は、観光のユニバーサル化を実現するための新概念として「観風」を提案したい。風は誰もが全身の皮膚で感じることができるユニバーサルな自然現象である。また、直接目で見ることができないので、見常者にとって非日常経験の入口としても最適だろう。昨今流行の体感型観光も、「観風」という概念を導入すれば、少し整理できるのではないかと、勝手に夢想している。

ユニバーサル・ミュージアム運動の展開の中で、僕はたくさんの仲間と知り合い、民博内外で「さわる展示」を試みてきた。ありがたいことに、この運動の蓄積は確実に各方面に影響を与えている。現在の僕の課題は、ユニバーサル・ミュージアムの理論と実践事例を他分野に応用することである。そこで今回は「緑が見えるような気がした」という杉本キクエの発言、および僕自身のクルーズ体験を手がかりとして、「観風」の概念化に挑戦することにしよう。「船の上 光を見ずに 風を観る」

2 観風の三原則

風を観るとは

いうまでもなく観光とは「楽しむための旅行」である。観光に限らず、「栄光」「光彩」など、一般に人類の楽しみ、幸福は「光」(=視覚)に結びつけて表現されることが多い(光源氏、光明皇后もいるが、ちょっと違うかな)。他方、日本語には「風土」「風物」など、風に関連した味わい深い言葉も存在する。「秋来ぬと目にはさやかに見えねども風の音にぞおどろかれぬる」(古今和歌集)は、しばしば教科書にも引用される藤原敏行の和歌だが、前近代の日本人は視覚にのみ頼るのでなく、風の音で季節の訪れを察知する豊かな感性を持っていた。

と、小理屈をこねるのはこれくらいにして、独断と偏見による「風を観る＝目に見えない世界を想像・創造する」三原則を紹介したい。「観風」を構成する必須要件として、「風を起こす」「風を追いかける」「風と向き合う」の三つを挙げることができる。

風を起こす

見るだけの観光は受動的になりがちだが、体感型の観光は能動的である。たとえば、バスの車窓から景色を眺めるのみでは「ふーん、なるほど」で終わってしまうが(視覚障害者がもっとも退屈するパターンである)、バスから降りて風や音など、現地の雰囲気を肌で感じると、観光は身体的なものとなる。川の水や地面の草にさわったり、においを嗅ぐのもいいだろう。前述したようにシカゴ川のクルージングでは、視覚障害者はガイドの解説を聴くだけの(しかも、その英語はほとんど理解できない)受動的な立場に置かれる。この不利な状況をどうやって能動的な楽しみに変換できるのか。

スポーツ観戦に行くと、かならず僕は大きな声を張り上げて選手を応援することにしている。ラ

写真18　遊覧船から写したシカゴ川（2013年10月、広瀬浩二郎撮影）

ジオ・テレビ中継がある場合は、「放送席のマイクに届け！」とばかりに、気合を入れて声を出す（この悪癖は子どものころからまったく変わらない）。いっしょに観戦する友人にはかなり嫌われるが、見知らぬおじさんと交互に声を出し意気投合、試合後に握手を交わす、なんてこともよくあった。自分の好きな時に自由に出すことができる「声」は、まさに能動的な飛び道具といえる。

おそらく僕の大声が選手に聞こえることはあまりないと思うが、声援には選手と同様に自分も試合に参加しているとファンを満足（錯覚？）させる力がある。僕の声に刺激されて、周囲の観客も負けじと声を張り上げる。もちろん、その逆で僕が他の観客の声援に後押しされるケースも多いが、こういった相乗効果で観客席が盛り上がるのは愉快である。

でも、クルージングの船上とスタジアムは違う。

船では大声を出す人は誰もいない。船が橋の下に入った際、僕はどうにも我慢できなくなった。意味もなく「ワン！」と一声。自分では犬の真似のつもりである（ああ、またやってしまった）。少し自己弁護すると、「ほら、橋の下ではこんなに音の聞こえ方が違うんです。よく声が響くでしょ」と、周りの人に「注耳」してもらうためのボランティア的行為だったということができる（我ながら苦しい屁理屈か）。本音を言えば、ごく単純な「目立とう精神」、見常者をびっくりさせる悪戯ということになるだろう。

時々僕は奇声を発する。冷静に分析してみると、だだっ広い公園、トンネルの中など、音の広がり、変化を楽しめる場所で「ワン！」とやることが多い。音の響き方で建物の天井の高さを推測することもある。などと、奇声が既成事実化するメカニズムをあれこれ説明してみたが、今回のクルージングでの「ワン！」は、もっと切実なものだった。「このままだと受動的な観光で終わってしまうぞ」という一種の焦りが、僕の奇声につながった。「とにかく一声出してみるか」。残念ながら（予想どおり？）僕の「ワン！」に呼応して、他の乗客が大声を張り上げることはなく、僕は冷たい視線にさらされた（冷たい視線は全盲者でもなんとなく感じるものだ）。

以前の僕だったら、「今、俺は船の上で注目を集めている！」と勘違いしていたところだが、さすがに最近はそこまでずうずうしくない。近頃の僕の密かな楽しみは、奇声を発した後、すかさず「変な声を出したのは、こいつですよ」と、しゃあしゃあと隣にいる同行者を凝視すること。どうも、この下手な芝居は友人・家族間で大顰蹙なので、そろそろやめようと思う。

クルージング当日、僕の「ワン！」は船客にほとんどインパクトを与えることもなく、眼前の摩天楼の景色に太刀打ちできず、あっという間に忘れ去られてしまった。だが、ほんの一声出しただけで、「見えなくて哀しい」と落ち込みかけていた僕の気持ちが、「ちょっと嬉しい」に変わったのも見逃せない。声を出すとは呼吸であり、いわば風を起こすこと。自分から働きかけて風を起こせば、自己を取り巻く環境、さらには自身の心境を変化させることができる。我が奇声は川風に乗って虚しく消えていったが、僕の心の中で能動的な観光の可能性が少しだけ広がったような気がする（ああ、せっかくアメリカにいるのだから、「ワン！」じゃなくて、せめて「bowwow」とやればよかったかな）。

風を追いかける

視覚障害者にとって写真は縁遠いものである。近年はパソコンの画面読み上げソフトの性能が向上し、パワーポイントも音声環境で使えるようになった。若い世代の視覚障害者の中には、画像や動画を駆使して見常者顔負けの「見せるプレゼンテーション」を行う人が増えている。しかし、どうも僕は自分が見えない画像データを使って、「こちらをご覧ください」と堂々と発表するのには抵抗を感じる（単にパソコン操作が苦手なだけという説もあるが）。そこで僕は瞽女を手本とし、聴覚と触覚にこだわる講演、情報伝達を追求しているが、まだまだ修行中というところである。

観光に例えるなら、最新技術を用いて視覚障害者（マイノリティ）が見常者（マジョリティ）と同じことができるのをめざすのが「感光」、視覚障害者（マイノリティ）がその特性を活かして独自路線を開拓するのが「観風」といえるだろうか。「観風」（ここでは聴覚・触覚の再評価という意味）はユニバーサルな娯楽になりうると僕は信じているが、その本格的な研究は今後の課題である（現段階で「みなさん、船に乗ったら『ワン！』と叫びましょう」と呼びかけても、まったく説得力がない）。

話を写真に戻そう。写真嫌いの僕だが、デジタルカメラの登場で画像に対するイメージはずいぶん変わった。民博着任直後から、僕はデジカメを使用している。最初は玩具感覚でパチパチ撮影し、見常者の友人に写真を見せて喜んでいた。不要となった写真データは即座に削除すればいいので、気楽に撮影できる。パソコンにデータを取り込み、ファイル名を付けてホルダーを作れば、自力で写真の管理ができるのもありがたい。といっても、撮影した写真の出来を自分の目で確認することはできないので、達成感はあまりない。

視覚障害者が撮影した写真が「心眼で撮った○○」という冠の下、全国各地で展示されることがある。写真を撮ることが視覚障害者本人の自立、社会参加につながるのなら、もちろん個人の趣味を否定すべきではない。しかし、僕には「心眼」がほんとうにあるのかどうか、よくわからないし、この言葉には見常者による障害の美化、ない物ねだりのエゴが内包されているような気がする。

自分が撮影した作品（？）を展覧会に出すつもりはないが、僕はけっこう写真を撮る。当初は書籍、雑誌記事掲載用の写真を撮る（撮ってもらう）ためにデジカメを購入したが、今では調査旅行、フィールドワークの記録として写真を残すケースが増えている。僕が調査に行くと、点字でメモを取り、現地の珍しい音やインタビューを録音する。だが今のところ、触覚情報を記録する手段はない。肌で感じたその土地の印象を他人に伝える方法として、とりあえず僕はデジカメを使っているともいえるだろう。

デジカメが普及する以前でも、僕は時々カメラを手にしていた。友人や家族と旅行すると、どうしても僕は写真に写されることが多くなる。せっかくだから、記念として友人や家族の写真を撮ってあげたい。そんな思いから、被写体となる人に声を出してもらい、僕はカメラの位置・方向を決めて、シャッターを切った。最初のころは顔が半分切れている写真、二人いたはずの被写体がなぜか一人になっている写真など、笑うに笑えぬ力作ばかりだったが、徐々に慣れてくると成功率もアップした。顔が半分になった写真も、それはそれで思い出となるが、やはり被写体（犠牲者）には申し訳ない。

現在でも友人や家族の写真を撮ることがあるが、空や海、豪雪地帯の銀世界など、風景写真が僕の得意分野になっている。風や音、においを頼りに、気の向くまま、自由に触覚情報を保存するのが僕の撮影スタイルである。たまに自分が撮った写真を見常者に褒められると、素直に嬉しい。美しい景色、人物の躍動、リアルな表情を活写する点において、僕と見常者では勝負にならない（勝負するつもりもない）。でも、雄大な自然、都市の喧騒を融通無碍に切り取る風景写真なら、視覚に頼らないオリジナリティを発揮できるのではなかろうか。

ここ数年、僕は自分が撮った写真を本や論文に掲載している。それは、「視覚障害者でも上手に写真を撮ることができます」とアピールするためではない。できれば、僕が肌でとらえた風景を読

写真19　長野県栄村・秋山郷の雪風景（2013年1月、広瀬浩二郎撮影）

写真20　日南市・鵜戸の窟から写した日向灘の断崖（2013年7月、広瀬浩二郎撮影）

者に伝えたい。目で見て撮る写真でなく、身体で感じて撮る写真があってもいいはず。そんな思いから、拙い写真をあえて紹介するのである。僕自身が自画自賛できる風景写真が撮れるまで、これまた相当な修業が必要だろう。

僕が写真撮影する際、いちばん大切にしているのは風の流れである。自分の手が伸びて、目に見えない被写体にさわっている感覚で風景と対峙する。そして風向きをしっかり把握し、風に乗って聞こえる遠くの音、漂ってくるにおいに手線(視線)を定め、シャッターを切る。見常者の方も、時には目をつぶり、風を追いかけて写真を撮ってみてはどうだろうか(失敗しても消去できるのでご安心を!)。

風と向き合う

視覚障害者が「風を起こす」「風を追いかける」のだから、当然次は「風に立ち向かう」のかなと予想する人もおられるかもしれない。しかし、観光と同じく「観風」も楽しいものである。立ち向かうのが面倒な場合は、風に身を任せるのもいいだろう。「風俗」「風習」などの言葉からもわかるように、「風」にはその土地の文化、歴史の形成に影響を及ぼす自然・精神的な要素という意味がある。アメリカ文学の傑作『風と共に去りぬ』は、南北戦争という大きな時代の流れ(風)とともに、南部の白人中心の平和な社会が消え去っていく歴史、そのような逆境の中でも明日(新たな風)を信じて力強く生きていくヒロインの姿を描いている。

『風と共に去りぬ』の壮大な歴史ドラマに対比するのもおこがましいが、僕自身、マイノリティとして生きていると、しばしばマジョリティの常識と対決・和解せざるを得ない。時には「郷に入っては郷に従え」（風とともに去りぬ方式）でマジョリティの論理を許容し、時には「千万人といえども我往かん」（風とともに去らぬ方式）でマイノリティならではの自己主張をする。ケースバイケースで「風とともに去りぬ」「風とともに去らぬ」を自在に使い分ける柔軟性を持つのが僕の理想だが、それを身につけるのはなかなか難しい。

具体的な例に即して考察しよう。たとえばクルージングで見常者がきれいな景色を楽しんでいる時に、「すみません、僕には何も見えないので、もっと音やにおいの話をしてください」と頼むのは無粋というものだろう。また、見常者の友人、家族といっしょに美術館に行く際、よく迷うことがある。僕が調査・研究のために主体的に美術館を訪れる場合は、事前に問い合わせをし、可能ならば視覚障害者向けの展示案内を依頼する。だが、旅行先などでふらりと立ち寄る美術館では、いわゆる一般来館者と同じ扱いとなる。僕も受付で点字パンフレット、音声ガイドの有無を確認するくらいで、わざわざ障害者用の特別なサービスを求めることはない。

通常、美術館で展示資料にさわることはタブーである。したがって、必然的に観覧は見常者のペースで進む。同行者にいちいち絵画の説明をしてもらうのもお互いに気疲れするので、僕は展示場の床を踏む音や他の来館者の会話に「注耳」し、ぼんやりと過ごす。そんな美術館で、たまに露出展示された彫刻があると、我が同行者は「さわれる物があった！」と喜び、僕を作品へと誘導する。せっかくだからと僕もおもむろに触察を始めるが、この触学・触楽はたいてい監視員によって中断される。「作品に触れてはいけません」。さて、ここで「僕は視覚障害者です」と宣言し、「そもそも触察とは……」と持論を展開するのがいいのか。それとも見常者の同行者との気楽な観光ムードを壊さぬように、おとなしく引き下がるのが適当なのか。悩ましいところである。

視覚障害者に限らず、マイノリティは多かれ少なかれマジョリティとは異なるライフスタイル、文化を有している。マイノリティが送り込む新鮮な風によって、沈滞したマジョリティの社会が活性化することがある。一方、マイノリティの過度の権利要求が社会全体の調和を乱す例も多々見受けられる。観光のみならず、マイノリティが社会生活すれば、否応なくマジョリティの風俗・風習と向き合うことになる。風に向き合った後、「風とともに去りぬ」と我慢するのか、もしくは「風とともに去らぬ」と頑張るのか。我慢と頑張りは日本人の専売特許といわれるが、風との付き合い方は十人十色で難しい。だからこそおもしろいというのが僕の実感である。

ここで見常者のみなさんに「風と向き合う」体験をしようと言っても、「それは無理」と反論されそうだ。たしかに、いきなりマイノリティの立場を理解するのは困難かもしれない。しかし、比較的簡単に「風と向き合う」方法がある。それは海外旅行、留学すること。日本にいれば、日本語でコミュニケーションする僕たちは圧倒的なマジョリティだが、アメリカに来れば日本人は正真正銘のマイノリティである。自慢ではないが、全盲で英語が不得意な僕は、米国では重複障害者、究極の少数派ということになる。

アメリカ人同士が盛り上がって会話している時に、話題に付いていけない僕はどうしたらいいだろう。「もう一度言ってください」「もっと簡単な単語で喋ってください」とお願いしても許されるのか。会話の内容がほとんどわからなくても、微笑んでじっと聴いているべきなのか。こういった悩みは、おそらく日本人留学生に共通するものだと思う。

昨今、日本の若者は内向き志向が強くなり、海外生活、留学の希望者が減少しているといわれる。少々お説教っぽくなるが、僕は若者こそ海外に出て積極的に「風と向き合う」経験をしてほしいと願う。多様な価値観・世界観との出会いが、多様な人々・文化を受け入れる心を育てる。これが「観風」の最終目標といえるだろう。

好むと好まざるとにかかわらず、たまたま僕は視覚障害者となり、日々暮らしている。今日の日本においてマイノリティであることは、けっして楽ではない。とはいえ、今の僕の研究、人生観を根底から支えているのは、紛れもなく視覚障害者としての実体験なのである。マイノリティたちの弱風には、各方面でユニバーサルな強風を巻き起こす活力が秘められていると信じ、これからも風とともに、地道に研究を続けていきたい。

最後は珍しく真面目モードに入ってしまったが、まずは僕自身が「風を起こす」「風を追いかける」「風と向き合う」実践を継続し、ユニバーサルな「観風」理論を構築しなければなるまい。さあ、みなさん、どんどん海外に出て、目をつぶって写真を撮り、たまに「ワン！」と叫んでみましょう!?「向かい風　くるりと回れば　追い風に」

第四章　つるつる・ごつごつ——二〇一三年十二月の響記から

1　「行き当たりばったり」と「体当たりほっこり」

視覚障害者の旅行術

「一人でどこへでも行く」「どこへ行くのも一人」。この二つは似ているようで少し違う。僕は国内外を調査研究するため、基本的にどこへでも一人で行く。視覚障害者の単独旅行では不安も多いが、逆に意外な出会い、目が見えないからこそ味わえる楽しみがあるのも事実だろう。道に迷う、言葉が通じないなど、多少の苦労はあるものの、それらを異文化体験として積極的にとらえ、僕は一人で気軽に出かけている。でも、友人や家族との旅行も大切にしたいので、どこへ行くのも一人というわけではない。

十一月末～十二月初めにかけて、二度の米国内出張を経験した。最初はボストンへの単独出張、次は妻が同行したオースティン（テキサス）訪問である。本章では、「どこへでも一人で行く」けれど、「どこへ行くのも一人」は嫌という僕の少々わがままな旅行観を述べてみたい。

十二月のオースティン出張の目的は、テキサス大学のアジア学部で講演すること。日本近代史専

写真21　テキサス大学のキャンパスにて。温暖なテキサスの風により心身はリラックスし、講演の喋りも滑らかに!?（2013年12月撮影）

攻の教員が僕のレクチャーをアレンジしてくれた。交通費・宿泊費の一部が大学から支給されるので、妻といっしょに出かけることにした。僕の英語力では、原稿なしで講演するのは不可能である。前もって点字で英文原稿を作り、当日はひたすら棒読みする。英語の発音はひどいものだが、指先で点字を確認しつつ、聴衆の方に顔を向けて話ができるのはありがたい。テキサスでは日本語が堪能な大学院生が質疑応答時にサポートしてくれたので、なんとか無事に講演を終えることができた。講演そのものは半日仕事だったので、残りの三日間は妻とともにショッピングを楽しみ、ライブハウスや美術館にも足を運んだ。

ここで視覚障害者の単独旅行（「一人」）と、見常者が同行する旅行（「二人」）を比較してみよう。まず情報の量という点では、圧倒的に

「二人」の方が勝っている。広大な大学のキャンパスを気ままに散歩し、周辺の店を自由に見て回る。これは視覚障害者一人ではできないことだろう。「この辺にはどんなレストランがあるの?」「スシか中華はないかなあ」「テキサスっぽい食べ物、飲み物はメニューに載っている?」……。家族とはいえ、食い意地の張った僕に振り回される妻は災難だったと思うが、おかげでテキサスの食を満喫することができた。

見常者がいっしょだと、現地に着いてから地図をもらい、「行き当たりばったり」で好きな所に出かけることもよくある。今回も無計画のままにダウンタウンをぶらぶら歩き、飛び込みで入ったライブハウスで生演奏の迫力を体感した。そもそも視覚障害者一人ではライブハウスを見つけることが難しいのだから、「行き当たりばったり」は成立しにくい。

それでは、「二人」では体験できない「一人」ならではのおもしろさとは何だろう。十一月のボストン出張の目的は、ユニバーサルデザインの国際会議に出席すること。各発表を聴くだけの一般参加だったので、のんびりと会場に向かった。予想どおり会議の内容は半分くらいしか理解できず、午後からはお得意の睡眠学習モードに入ってしまった。とはいえ、ユニバーサルデザインを巡る最新の研究動向の一端に触れることができたのは有意義だった。会議に顔を出したのは一日のみで、残りの三日間は美術館や大学を訪ねたり、視覚障害関係の友人に会ったりなど、あちこち動き回った。

出張二日目の昼食を取るため、ホテルのフロントで「近くにあるレストランを教えてください」

と尋ねた。僕が自力で行って帰ってくるためには、なるべく近距離で、直線移動できるレストランが望ましい。目と鼻の先にあるはずのレストランに、なかなかたどり着けない。こんなことはしばしばある。鼻と耳を頼りに、僕は寒いボストンの街中をふらふら歩く。さあ、今日も近くて遠いレストラン探しの冒険が始まった。どこへ行っても、食欲は僕の行動力の原点である。

道に迷った僕は、「この辺りにレストランはありませんか、どんな料理でもいいんだけど」と、すれ違う歩行者に案内を求める。放浪すること十分余（もっと短かったかな）、ようやく落ち着いたのはビュッフェスタイルのレストランだった。「しまった、セルフサービスだから面倒だぞ」とは思ったものの、お腹も減っているし、そのまま居座ることにした。幸い、店員さんが親切に対応してくれ、僕は大盛りのプレートにありつくことができた。こうして、冒険の後に一人で味わう食事は、いつも以上においしいものである。

さらに歓迎すべきことに、レストランの店長が僕をホテルまで送ってくれるという（他の店員は忙しいのに、どうやら店長は暇らしい）。ところが店長はホテルの位置がよくわからないようで、レストラン周辺をぐるぐる回り、ホテル到着まで十分以上もかかってしまった。これなら僕が一人で帰った方が早かったかも。「急がば回れ」ではないが、視覚障害者の旅行では性急・急速は禁物である。店長との回り道、十分間の何気ない会話からボストンの街の様子を知ることができたので、僕は満足している（あの店長は半袖の軽装だったけど、想定外の長い散歩のせいで風邪をひかなかったかな）。

ボストン滞在中、ハーバード大学の教授を表敬訪問した際は、研究所の建物の入り口までタクシーで乗り付けた。しかし、広いビル内でお目当ての研究室を探し出すのがけっこうたいへんである。僕がうろうろしていると、背後から声をかけられた。なんとなく英語のイントネーションが自分と似ているので、「日本の方ですか」と訊いてみた。先方も思わぬ場所で同胞に会ったのが嬉しかったようで、僕たちは教授の研究室の前で立ち話をし、名刺交換して別れた。視覚障害者が一人で歩行すると、必然的に見知らぬ人の手助けを受ける機会が多くなる。目に見えない人の輪を実感できるのが「一人」の魅力である。「行き当たりばったり」に対し、「二人」の特徴は「体当たりほっこり」だといえるだろう。

さまざまな美術館体験

次に「一人」と「二人」の美術館での経験を比べてみよう。オースティンでは、とくに問い合わせもせずに、単なる観光客として大学附属の美術館を訪ねた。この美術館の展示は絵画中心なので、視覚障害者にはやや退屈な場所である。おそらく僕一人だったら、「さわれる作品はないし、ボランティアがガイドすることもできません」と、受付で断られていただろう。仮に職員が館内を誘導してくれるサービスがあっても、言葉による絵画の解説は僕にとって「馬の耳に念仏」なので、一人で入館することはなかったと思う。

受付で少し粘った結果、僕たちは一人分の入館料で観覧できることになった（ちなみに、アメリカの美術館・博物館では「障害者割引」は原則として存在しない）。「一人分とは、絵画を見ることができない僕が無料扱いなのか、それとも障害者の付添いという位置づけで妻が無料なのか」。そんなことを考えながら、僕たちは展示場に向かった。僕はぼんやり妻の鑑賞に付き合うのみだったが、彼女のつぶやきから、なんとなく美術館の展示内容、ポリシーを知ることができたのは収穫といえよう。

一方、ボストン美術館では事前予約をし、視覚障害者向けの「タッチツアー」を楽しんだ。視覚障害者の単独来館ということで、美術館の職員がゲート前で僕を待っていてくれた。スペシャルゲストなので入館は無料、ＶＩＰ待遇である。ボランティアの解説を聴きながら、美術館が許可する彫刻作品にじっくり、堂々とさわる。こんな贅沢なプライベートツアーに僕は感激した。

ボストン美術館で僕がさわった作品は十点程度である。その数は全収蔵品の一パーセントにも満たない。美術館全体の雰囲気を把握するという点では、見常者といっしょに館内を歩き、さまざまな視覚情報を提供してもらうのが有効だろう。同様に街や大学の全体像をつかむためには、見常者の「目」による協力が不可欠である。しかし、情報の量でなく質にこだわるならば、「一人」も捨てがたい。自らの足で探し出したレストランで、何が出てくるのか、よくわからないまま、じっと待つスリル満点の食事。能動的に手を前後・左右に伸ばし、彫刻一体ずつのエネルギーを肌で感じる触察。「体当たり」で「ほっこり」（ささやかな達成感）を得ることができる視覚障害者の一人旅が、僕の日常に刺激を与えているのは間違いないだろう。

全体（量）は視覚に、部分（質）は触覚に適しているのかもしれない。時には見常者といっしょ

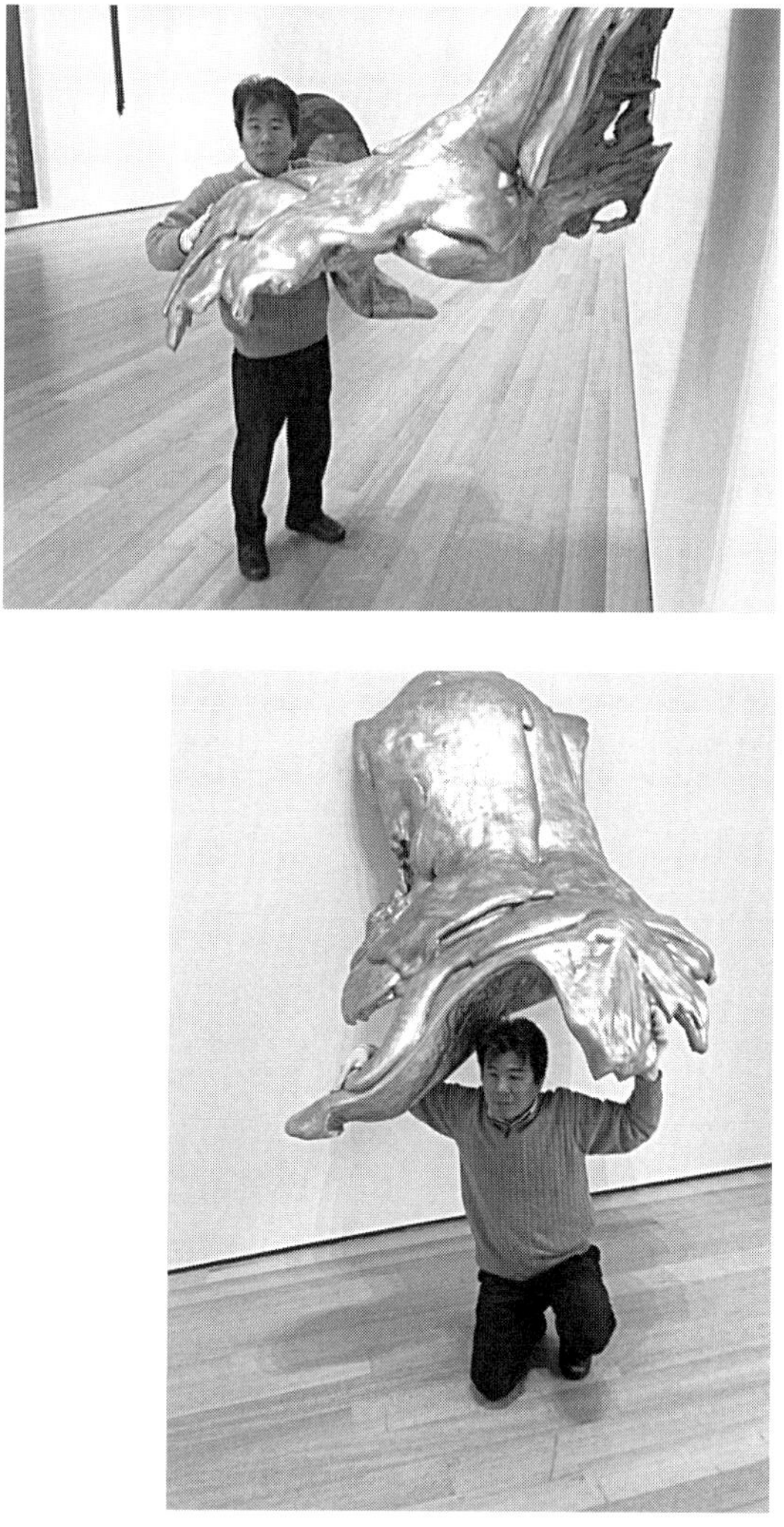

写真22　ボストン美術館にて、身体で彫刻作品を鑑賞する（2013年11月撮影）

の旅で情報の量を追求し、時には視覚障害者単独の旅で情報の質を探究する。「行き当たりばったり」（全体）と「体当たりほっこり」（部分）を柔軟に使い分ける旅行術を身につけるのが、僕の密かな願いである。さて、年明け早々に予定されている出張は一人で行くか、二人で行くか。次回は単純に経費節減ということで、「体当たり」を選ぶのがいいかな。「食あたりげっそり」にならぬよう注意して出かけよう！「迷い道　さわって食べて　一人旅」

2　木を見て森を見ず、されど森を描く

全体と部分

部分から全体へ、全体から部分へ。僕は彫刻作品に触れる際、いつも全体と部分の関係を意識している。二〇一三年十二月のオースティン出張の最終日、「Umlauf Sculpture Garden」（ウムラウフ彫刻庭園美術館）に立ち寄り、野外展示された五十点ほどの彫刻作品に思う存分さわった。さまざまな素材、形状の彫刻を触察・比較する体験は、全体と部分の意味を問い直す貴重な機会ともなった。

一般に「大きなものは小さく、小さなものは大きく」というのが触察の大原則とされている。小さくて細部を確かめることができない作品には、拡大模型を用意する。大きくて全体をとらえにくい作品には、両手でさわりやすいサイズのミニチュアを準備する。視覚で全体を認識することができない視覚障害者にとって、この原則は重要である。民博の展示資料の中でも、巨大なカヌーや復

写真23　オースティンの彫刻庭園にて、（上）「Bambino su Cuscino」、（右下）「Madonna and Child」、（左下）「Glass-and-Limestone」（2013年12月撮影）

元民家などの縮小模型がほしいという要望が、視覚障害者から多数寄せられている。

しかし、最近僕は「大きすぎて全体をさわることができない展示物」「小さすぎて部分的な触覚情報しか得られない展示物」があってもいいのではないかと考えるようになった。オースティンの彫刻庭園には、大きくて上部まで手が届かない彫像、細かい表情やしぐさが触察では理解しにくい小さな動物のブロンズ作品がいくつかあった。目で全体を見れば、「ああ、○○だ」とすぐにイメージできても、手で部分をさわるだけでは、何がモチーフなのか、なかなかわからない作品も多い。だから僕は、どちらかというと具象彫刻よりも抽象彫刻が好きである。触察を介して妄想（盲想）の世界に遊ぶのは、じつに楽しい。

シカゴ美術館のタッチギャラリー

シカゴ美術館には、銅や大理石など、触感の異なる四種類の胸像を展示する「タッチギャラリー」が設置されている。ギャラリーの解説パネルは、次のような宣言で始まる。「このギャラリーは、『手で触れる』という行為が芸術鑑賞をいかに豊かにするものか、来館者に経験してもらう貴重な機会を提供します。触れることを通じて、人は芸術作品を形や線、サイズやスタイル、温度、素材といったもので識別できるようになります。それらは視覚だけでは感じることができないものです」。

タッチギャラリーは美術館のメインエントランス横の無料ゾーンにあるので、視覚障害の有無に関係なく、誰もが楽しめる展示の実践といえる。上記の解説パネルの文言は、美術館における触文化展示の意義を簡潔に要約したものとして、日本のミュージアムも参考にすべきだろう。ただ、展示されているのが胸像四つというのが気になる。手触りの違いを味わうのなら、すべてが胸像である必要はない。また、一点ずつじっくり触察するにしても、やはり四つだけでは、イマジネーション、クリエーションを広げ、深めるためには不十分と言わざるを得ないだろう。

個人差もあるが、「人の顔」をはっきり見たことがない先天性の全盲・弱視者にとって、胸像は想像力・創造力を練磨する鑑賞物として、ほんとうに適当なのか。タッチギャラリーの展示資料の選定に際して、おそらく視覚障害者を含む一般来館者の意見はほとんど聴取されていないのではないかと思う。美術館スタッフによる教育的な論理の押し付けから、来館者の自発的な学習を促す展示が生まれることはない。

胸像は両手を動かして全体を把握できる資料という観点では、ちょうどいい大きさである。教育的な視座に立つならば、全体をさわれない巨大な造形物は、触察用の展示資料としては不適切ということになる。しかし、触学・触楽とは融通無碍でダイナミックなものである。「目に見えないもの」を想像・創造できる柔軟性が触文化の真骨頂だとすれば、時には巨大な展示物と全身で格闘する触察もあってもいいのではなかろうか。

写真24（上） 2009年にリニューアルされたシカゴ美術館の「タッチギャラリー」（2013年８月撮影）
写真25（下） ピカソの彫像「無題」。シカゴの街中には大小さまざまな彫刻が置かれており、その気になればさわることもできる（2013年８月撮影）

触察のダイナミズム

シカゴ美術館のタッチギャラリーに対し漠然と抱いていた不満が、オースティンの彫刻庭園訪問を通じて、僕の中で明確化した。苦労せずに全体を見ることができる、あるいは見た気にさせる視覚は、たしかに便利である。そんな視覚優位の現代は、情報の量を重視する「木を見ずに、森を見る」時代だともいえる。だからこそ今、手のひらが触れた部分から全体を組み立てる触察力、一本の木から「森を描く」思考力が求められるのではないか。

旅行の例からも明らかなように、残念ながら視覚障害者は全体をとらえる点において、見常者に太刀打ちできない。僕のボストン、オースティン旅行記には「木を見て森を見ず」的な弱点があることを率直に認めなければなるまい。だが、森を見ることができない視覚障害者は、想像力と創造力を駆使し、一本の木をじっくり触察している。見常者たちに部分（質）の大切さを伝えるのは、きっと触察に熟達した視覚障害者の役割なのだろう。

ポカポカ陽気にも誘われて、オースティンの彫刻庭園には散歩する観光客の姿が多数見られた。その中で、彫刻作品にさわっているのは僕だけである。少なからぬ彫像の表面は土埃や落ち葉で汚れていた。「もっと俺たちにさわってごらん。そして、汚れを払い落としておくれ」。そんな声が彫刻作品から聞こえたような気がした（いや、流暢なアメリカ英語で「Please touch US」だったかな）。「彫刻に　触れて拭き取る　我が埃」

第五章　ぐいぐい・じわじわ――二〇一四年一月の響記から

1　アメリカンドリームと独自性

パリの国際シンポジウムに参加

アメリカンドリーム。この言葉を最初に耳にしたのは小学生のころだったろうか。僕の中では、米国から来日したプロレスラーを紹介する表現として、「アメリカンドリーム」が記憶されている。アメリカ人レスラーの派手なパフォーマンスにあこがれた僕は、小学校の卒業文集で「ジャイアント馬場を倒し、有名なプロレスラーになる！」と、我ながらなんとも幼稚な夢を書き記した。出身や階級に関係なく、本人が努力すれば成功をつかむことができる「機会の平等」が、アメリカンドリームの本義だといわれる。米国に三回住んでみて、根強い人種差別を目の当たりにし、アメリカンドリームの理想と現実のギャップを感じることが多々ある。それでも、アメリカには「可能性」を信じる人々が世界から集まってくるのも確かだろう。

そもそも二十代の僕も、自分なりの夢の実現を求め、一九九五年にカリフォルニアに留学した（もちろんプロレスラーになる夢は、プロレスのテレビ中継がゴールデンタイムから消えるとともに捨てていたが)。米国には弁護士・大学教授・アーティストなど、社会の第一線で活躍する視覚障害者がたくさんいる。そんな国で暮らせば、僕もさまざまな刺激を受けるに違いない。アメリカの「可能性」に対する漠然たる期待を持って、僕はカリフォルニアで一年間生活した。やや抽象的な言い方になるが、障害者(社会的弱者)が夢を抱き、その夢を堂々と語ることができるかどうかは、国の成熟度を示すバロメーターだと思う。この点において、やはり米国は先進国といえるだろう。

さて二〇一三年十二月十七日、国際シンポジウム参加のため、僕はシカゴからパリに向かった。大西洋を横断するのは初めての経験である。飛行機内で僕は過去二回の滞米の思い出、二十代~三十代の夢について、あれこれ振り返っていた。プロレスラーになれなかったのは残念だが、自分の研究が認められ、国際シンポジウムに招待されるのは素直に嬉しい。自身の研究を発展させる上で、トータル二年余のアメリカ体験はプラスの影響をもたらしていることをあらためて実感する。

単純な僕は、大西洋の無着陸単独飛行に最初に成功したアメリカンドリームの体現者、チャールズ・リンドバーグ(一九〇二~一九七四)になった気分でパリに乗り込んだ。といっても、僕にはパリの景色は見えないので、ジェット機内にいる時は、「翼よ、あれがパリの灯だ!」というドラマチックな展開はなかった。でも、飛行機を降りると、パリの雰囲気を肌で味わうことができるので、「白杖よ、これがパリの手触りだ!」という感動はあった。

パリではINALCO(フランス国立東洋言語文化研究所)が主催する「現代日本における独自性の礼賛」というシンポジウムに出席した。日本・フランス・米国の研究者、文学者が集まり、日本文化の独自性（固有の立場を維持し、差異の表出を促すエネルギー）について、人類学・歴史学・社会学などの見地から学際的な議論が繰り広げられた。一般に、欧米諸国は個人主義社会であるのに対し、日本人は無個性で集団に埋没していると考えられてきた。こういった西洋中心の常識を問い直し、日本文化の独自性を再評価するのが今回のシンポジウムの狙いだった。僕は瞽女に代表される日本の盲人文化に関する報告を行なったが、ヨーロッパやアメリカには見られない視覚障害者のユニークな職業的自立の事例として、聴衆には興味深かったようだ。

写真26　INALCOのシンポジウム会場にて。僕の声の「震動」は、フランス人にどう受け止められたのだろうか（2013年12月撮影）

　なぜか僕の発表はプログラムの最後だったので、心地よい緊張感を持って二日間のシンポジウムに臨むことができた（初日の担当分の報告が終わったら、さっさとパリ観光に出かける人が少々羨ましかったが）。「本日のシンポの企画は有意義だし、各発表も充実していました。通常、日本では『終わりよければ、すべてよし』といいますが、今日は『すべてよければ、終わりよし』ということで、すばらしいシンポの流れに便乗して、最後の報告をしたいと思います」。いつものごとく、あまり受けないギャグで僕はプレゼンを始めた。もうすっかり、紅白歌合戦の北島三郎の心境である。ちなみにプレゼンの中で、サブちゃんの熱唱でなく瞽女唄の演奏CDをじっくり聴いてもらったのが予想外に好評だった。

僕はフランス語がまったくわからないので、発表は日本語である。INALCOの優秀なスタッフに通訳していただいた。英語の場合はブロークンとはいえ多少喋ることができるので「なんとかしよう」と思うが、フランス語は潔くあきらめるしかない。やはりオヤジギャグを含め、僕らしさ、独自性を伝えるためには日本語がいいなあと、つくづく感じた。日本語だと無駄話が多くなり、持ち時間を超過してしまうのも僕の独自性なのだが。

「盲目」の新たな語意

ここで、アメリカンドリームと独自性の関係について掘り下げてみよう。いうまでもなく成功とは、誰も成し遂げていないことにチャレンジする意欲から生まれる。たとえば先述したリンドバーグは、セントルイス～シカゴ間で郵便配達をする無名の飛行士だったが、「よし、俺がやってやろう！」というチャレンジ精神を発揮し、一九二七年五月、ニューヨークからパリに向けて飛び立った。

もちろん、広大な大西洋の単独無着陸飛行を成功させるためには綿密な準備も必要だったが、英雄が誕生する背景には常に一か八かの冒険心があることを忘れてはなるまい。暗闇の大西洋を飛行するに際して、リンドバーグは何度も自分の位置を見失った。パリの空港に着陸した時には、そこがほんとうにパリなのかどうか、確信がなかったともいわれている。「翼よ、あれがパリの灯だ！」という発言は後世の脚色で、どうやら実際は「翼よ、あれがパリの灯なの？」だったようだ。眼下の景色を見て飛行位置を確認できない彼は、しばしば盲目飛行（blind flying）を試みた。盲目飛行とは、周囲の視覚情報に頼らず、計器の数値のみを使って飛行するという意味である。意外な所で「盲目＝ブラインド」が用いられているのがおもしろい。

もう一つ、アメリカンドリーム、すなわち独自性の追求の話をしよう。シカゴに来てからワインを飲む機会が増えた。焼酎や日本酒は入手しにくいし、ビールよりは健康にいいだろうという程度の消極的な理由だが、日本よりも安価でワインが楽しめるのはありがたい。ワインに関しては素人だから、味の奥深さはよくわからない。でも、せっかくアメリカにいるので、米国産のワインを選ぶことが多い。カリフォルニアに住んでいたこともあり、なんとなくナパバレーには親しみを持っている。パリから帰国直後の十二月末、寒いシカゴを脱出して、サンフランシスコで新年を迎えた。そして、友人とともに約二十年ぶりにナパバレーのワイナリーを訪問した。

一九七〇年代初頭まで、「ワイン＝フランス」というのが世界の共通認識だった。カリフォルニア北部でも十九世紀後半からワイン生産が始まったが、それらはいずれも「安かろう、まずかろう」の粗悪品とみなされていた。パワーとエレガンスを兼ね備えた高品質のワインはフランスでしか作れないと、誰もが信じて疑わなかった。一九七六年五月、そんな世界の常識を覆す大事件がパ

写真27　ナパバレーのワイナリーにて。この土地で収穫されたブドウが、このワインになる！　おいしいワインの味で、僕は現地に身を置くことの意義を再確認した（2013年12月撮影）

リで起きる。アメリカ独立二百周年を記念するイベントとして、フランスワインとカリフォルニアワインを飲み比べる試飲会が実施された。この試飲会で赤ワイン、白ワインともにカリフォルニアがフランスに圧勝するのである。

審査員は目隠し試飲（blind tasting）で十種類のワインを採点した。目隠し試飲とは、銘柄を知らされぬ状態で、純粋に目・鼻・口・バランスの四つでワインの質を判断する方法である。試飲前に「このワインはフランス産だ」とわかっていれば、どうしてもフランス人の審査員は採点が甘くなる。目隠し試飲は公平性を担保するためのルールとして有効だろう。一九七六年の歴史的なパリ試飲会以後、カリフォルニアワインは世界に流通し、ヨーロッパ以外の生産地も注目されるようになる。

ワインの国際化が劇的に進展するのである。

一九五〇〜六〇年代、多くの若者がナパバレーに移住し、世界に通用するワイン作りをめざした。ブドウ栽培に汗を流す彼らは、ワインと同時に自己の夢をも育てたのである。彼らの情熱が今日のナパバレーの繁栄を築いたともいえよう。あるワイナリー経営者は「真似をしているだけでは二番にしかなれない」と述べている。アメリカンドリームとは、一番を目標とするチャレンジ精神によって鍛えられるものなのだろう。

偶然にもワインのエピソードでも「目隠し＝ブラインド」がキーワードになっていることに気づく。わずか二つの例から一般論を導き出すのは強引だとは思うが、あえてアメリカンドリーム、独自性を究める必須条件として「ブラインド」を挙げることができるという仮説を提示したい。「blind」は「目が見えない」、あるいは「光を遮る」「理解力がない」「無計画」など、どちらかというと否定的な意味で使用されることが多い。しかし僕は、「blind」とは「大胆かつ細心」とも訳せるのではないかと考えている。

リンドバーグは自分がどこにいるのかがはっきりしない孤独な極限状況下、勇気を持ってひたすら前進した。そこには周りの視覚的情報に惑わされない行動力があった。ナパのワイン製造者、およびパリ試飲会の審査員たちは、固定観念を捨てて、己の知識と経験のみに依拠して本物を探り当てた。そこには「目に見えない内面との対話」を重視する集中力があった。アメリカンドリーム、独自性の追求には、大胆かつ細心なブラインド精神が不可欠だといえる。「blind」の新たな語意として、「大胆な行動力、細心な集中力」を辞書に加えたいのだが、いかがだろうか。

パリのシンポジウムでの報告を無事に終えて、いい形で二〇一三年を締めくくることができた。冬休みモードで温暖なナパバレーのワイナリーに立ち、「今後も独自性豊かな研究を大胆かつ細心に続けなければ」と、僕は少し酔っぱらった頭で誓うのだった。「アメリカン ワイン傾け 夢語る」

2 チャレンジャーでもチャレンジドでもなく

障害者の呼称を考える

アメリカがチャレンジの国であることは、大学にいるとよくわかる。大学を卒業後、社会人として何年か仕事をし、三十歳前後で大学院に再入学する者が多数いる。学部と大学院で専攻を変更するケースも目立つ。人種・国籍も異なる多様な年齢の学生が集うアメリカの大学は、「人生の挑戦者たち」の活気で満ちている。近年、日本の大学における障害学生の学習環境は充実してきたが、学内行事などではまだまだ特別扱いされることも多いようだ。障害学生に対する教員や一般学生の日常的な接し方は、アメリカの方が自然でスマートだと感じる。学生とは、各人各様のスタイルで自己の可能性に挑戦する同志であるという意識が根付いているのだろう。

そんな米国の一部で、障害者の呼称として「チャレンジド（challenged）」が使われている。これは「挑戦する資格を与えられた者」という意味で、障害をプラス思考でとらえる発想に基づく用語である。日本でもこの呼称を採用する障害者団体があり、また数年前には『チャレンジド』というテレビドラマも放送されて話題となった。じつは、僕は「チャレンジド」という言葉が嫌いである。「挑戦する資格」は、誰が誰に与えるものなのか。キリスト教的価値観、つまり神を大前提とするなら、「チャレンジド」を用いる思想も理解できる。だが、どうも日本の風土に「チャレンジド」はなじまないような気がする。「べつに俺は挑戦したくないよ。放っといてくれよ」という障害当事者も多いだろう。

「チャレンジド」と呼ばれるくらいなら、まだ能動的な「チャレンジャー」の方が好ましい。リンドバーグやナパのワイン製造者も、幾多の障害をものともせず夢を追い求めるチャレンジャーだった。いわゆる健常者に比べ、障害者は生きていく上で努力を要する部分が多いので、チャレンジャーとならざるを得ない面がある。僕自身、人生にとってチャレンジは大切であり、中高年になってもチャレンジを続けたいと考えている。でも、障害者の新たな呼称として「チャレンジャー」がふさわしいかとなると疑問である。まず第一に、チャレンジするかどうかは障害の有無に関係なく、本人の自由選択に委ねるべきだと思う。また、障害を克服するためにチャレンジを重ねるというのは、なんともしんどい。挑戦とは無縁の平凡な人生を送りたい障害者も少なからずいるだろう。

チャレンジャーと聞くと、どうしても僕はスポーツの試合、チャンピオンと挑戦者の対決を想起する。ビジネスの世界では、チャレンジャー（ナンバーツー）がリーダー（ナンバーワン）と戦う方

写真28　サンフランシスコのビーチにて。シカゴは氷点下なのに、サンフランシスコでは泳いでいる人もちらほら。アメリカの広さを実感（2014年１月撮影）

法には以下の三パターンがあるという。直接対決、背面攻撃（リーダーがまだ着目していない領域で勝負する）、後方攻撃（自社よりも小規模なナンバースリー以下の企業のシェアを奪う）。この図式は、社会の各方面におけるマジョリティとマイノリティの付き合い方に応用することができる。だが、障害者と健常者の関係は対決でなく、連携・協力するものだろう。その意味でやや攻撃的なニュアンスを含む「チャレンジ」は、障害者の呼称としては不適切ではなかろうか。

風に吹かれ、風を吹き込む

昨今、「障害」の表記に関する種々の議論が繰り返されている。「障碍」「障がい」「しょうがい」という単なる文字使いの変更が積極的意味を持たぬことについては、すでに僕自身、あちこちで力説してきた。しかし、一部の当事者

写真29　シカゴの「ユナイテッドセンター」にて。スポーツにおけるアメリカンドリームを具現したマイケル・ジョーダンの銅像。僕も久々に「プロレスラーになる」夢を思い出した（2014年1月撮影）

団体が「人権」保護の観点から、「障がい」「しょうがい」の使用を推進しているのも事実である。僕は二〇〇九年に刊行した拙著『さわる文化への招待』において、晴眼者／視覚障害者という従来の区分に対し、見常者／触常者を提案している。目が見える／見えないというプラス・マイナスの尺度でなく、見る文化／さわる文化の差異に着目する新しい呼称である。「見常者・触常者」はまだ世間的な認知度は低いが、僕はこの新語の普及にそれなりの自信を持っている。

視覚障害者文化の独自性を強調し、見常者と触常者の異文化間コミュニケーションを宣揚する僕に、時々以下のような質問が寄せられる。「視覚障害者が触常者だというのは納得できますが、では聴覚障害者はどうなりますか」「知的障害・学習障害など、障害者全体を包括する新しい呼称はないのですか」。これまで僕は「すみません、視覚障害のことしかわからないので……」「『障害』概念が消滅するまで『障害者』を使い続けるというのが、僕のとりあえずの結論です」と応じてきた。

でも、そろそろ逃げることはやめて、大胆かつ細心に一歩前進すべき時期なのかもしれない。多くの関係者が障害／健常の二分法に疑問と不満、居心地の悪さを感じている。また、「社会的不利益を被っている」という共通点はあるものの、そもそも目が見えない者と耳が聴こえない者を「障害者」の一語で総括するのは無理なのではないか。目が見えない者は、視覚の意味を問いかける風を社会に吹き込む。同様に耳が聴こえない者は、聴覚の意味を問いかける風を吹き込む。僕は、障害者とはさまざまな角度から社会に風を吹き込む存在、すなわち「風吹者」だと定義したい。

このように書くと、「人権」派の当事者から「おまえは障害者の不自由、辛さを無視するつもりか」というお叱りを受けるに違いない。たしかに、前述したように障害者の生活の現状は厳しく、公的支援が必要とされていることも看過できない。少しずるい解釈になるが、風吹者には「風に吹かれる存在」という意味も含まれている。風吹者の日常生活、教育・就労などには、マジョリティからの逆風に必死に耐える側面があることも明記しておきたい。

英語の場合は「challenged」「challenger」のように、受動・能動の区別をはっきりさせなければならない。しかし、日本語の曖昧さは時に便利である。肯定・否定、主体・客体の両面を内包する融通無碍な表現ができるのが日本語の独自性といえるだろう。風に吹かれる弱者から風を吹き込む強者へ。このようなスローガンを掲げると、二十一世紀の福祉の目的が明確化する。

僕は視覚風吹者なり！　まだ自分でもいまいちしっくりこないが、しばらくはこの言葉を使ってみることにしよう。「チャレンジド＝挑戦する資格を与えられる」よりも、ブラインド精神で風と戯れる方が僕の趣味には合っている。「障害」概念を再検討するためには、まずは不十分でも新たな理念を提唱してみるのが重要だろう。障害者がいなくなれば、健常者もいなくなる。風吹者が風を起こし、風を追いかけ、風と向き合う。はてさて、では風吹者は英語で何といえばいいのか。うーん、今晩寝ずに考えることにしよう。「チャレンジを　するもしないも　風任せ」

第六章　ぽつぽつ・ぼつぼつ――二〇一四年二月の響記から

1　「手伝い」とは手で伝えることなり！

米国各地で瞽女の講演

「猫の手も借りたい」「引く手あまた」というほどではないが、一月半ばから二月にかけて出張が続いている。米国各地の大学を訪ねて講演をするのが出張の主な目的である。日本に帰ると、なかなかアメリカ出張もできないので、行けるうちにあちこち出かけてみようと思っている。中には「お手伝い＝ボランティア」と称して、友人の授業に乱入し、押しかけレクチャーをさせてもらうケースもある。

日本にいる時は、あの手この手を駆使して「世のため人のためにはならないが、とにかくおもしろい」講演を演出するのが僕の楽しみだった。だが、英語の講演となると読み上げ原稿の準備が必須なので、今のところ持ちネタは一つしかない。同じ内容の講演を何回も繰り返すのは不本意だが、まあ広いアメリカで聴衆が重なることはないので許していただくとしよう。

すでに五つの大学で「Hands of a Goze（瞽女の手）」という演題のレクチャーを行なった。講演で

写真30 「最後の高田瞽女」杉本キクエの瞽女宿での演奏（杉山幸子氏提供）

は瞽女の歴史、地域住民との交流のエピソードを紹介するのみでなく、瞽女唄のCDを流し、視覚障害者が脈々と受け継いできた「音の響き」に触れてもらうことにしている。アメリカの学生、日本研究者で瞽女の存在を知る人は少ないので、どうやら僕の講演は新たな「日本」への手引きとして、好意的に受け取られているようだ。

瞽女の芸能、日常生活において「手」は重要な役割を果たしている。いうまでもなく三味線を弾くのは手であり、盲目の師弟間では手から手へと芸が伝授された。旅をする際は、手の延長として杖を使い、外界の様子を触覚でとらえていた。瞽女唄が見常者の拍手や手拍子によって育まれた事実も忘れてはなるまい。僕は点字の原稿を触読しつつ、瞽女文化の意義をアメリカ人に伝える。そこには瞽女唄のような迫力はないが、僕と聴衆の触れ合い（相互接触）が、「見せる講演」では得られぬ手応えをお互いの心にもたらすのかもしれない。

障害学生との握手

各大学では博物館学、日本研究関係のスタッフと情報交換するのも有益だが、時には視覚障害学生との懇談会がアレンジされることもある。一月中旬に訪ねたセントラルワシントン大学では、二人の視覚障害学生と夕食をともにした。大学当局は、国籍は違うものの、職業的に自立し、海外留学も経験している視覚障害者の先輩に会うことが、同じ障害当事者の学生にとって刺激になるのではないかと考えたらしい。

たしかに僕自身の学生時代、将来の進路を手探りしている時期に、全盲の諸先輩の体験談が参考になったことを思い出す。話の中身は二の次で、「へえ、目が見えなくてもいろいろな仕事ができるんだ」と、新鮮な感動を覚えた。盲学校を卒業し大学に入ると、周囲は見常者の学生ばかりなので、視覚障害者同士の横のつながりは希薄となる。こういった状況は基本的に日米で大差がない。僕が大学生時代には、パソコンの音声ソフトの操作方法をはじめ、視覚障害者ならではの生活の知恵を獲得できる場が手近にあることの大切さを実感した。他大学に通う視覚障害学生との付き合いから入手する「生きる手法」は貴重だった。

残念ながら僕の英語力では、アメリカの視覚障害学生とざっくばらんに語り合うのは難しかったが（そう、日本語でも英語でも、若者言葉はおじさんには理解しにくいものだ！）、それでも広いキャンパスの移動時の苦労、ビジュアル情報が多い授業への対応策など、具体的な悩みを聞くことができた。障害学生の勉強面のみでなく、キャンパスライフ全般のよきアドバイザーとして信頼されているのが、点字や触図などの教材作りを通じて、彼らの学習環境整備に尽力する大学職員（アクセス・コーディネーター）である。米国の大学は、障害学生の修学支援の分野では日本よりも進んでいるといわれるが、大学職員や教員の人間性、すなわち人の「手」に頼る現状は同じだなあという印象を受けた。

僕たちの懇談に立ち会ったアクセス・コーディネーターは「彼らが自分の障害、不満や不安について、これほど積極的に話すのは初めてだ」と、少々驚いていた。客観的に僕はほとんど聞き役であり、こちらがたどたどしい英語で提供する日本の話題が、アメリカの若い視覚障害者にインパクトを与えたとは思えない。でも、同じ障害者の先輩との握手は、言葉を超えた指導（指による導き）となったのだろうか。

「なんだ、ブロークン英語しか喋れないおじさんでも堂々と生きているのだから、俺たちだって……」。じつは、これが若い視覚障害学生の本音かもしれない。まあ、何にしても彼らを勇気づけることができたのなら幸いである。僕の大学卒業から二十年余の時が流れた。「ミドルライフ」では自分自身の人生の目標を追い求めるだけでなく、そろそろ後輩を育てる「手伝い」をする立場も意識しなければならないことをあらためて感じた。「おじさんの 手は口ほどに ものを言う」

2　「ハンサム＝hand-some」な生き方

触覚を活かして版画制作

二月一日、ミシガン大学美術学部の「many ways of seeing」と題する授業に参加した。米国・カナダで活躍する陶芸家の犬塚定志教授（弱視）が本授業を企画・担当している。デトロイト地区の公立学校に通う視覚障害児童・生徒が気楽にアートに親しむ機会を創出するのが、犬塚教授の狙いである。僕がお邪魔した当日は、十二名ほどの視覚障害者（小・中・高校生）と、ほぼ同数のミシガン大生が出席していた。

犬塚教授は弱視のハンディもあり、高校卒業後、二十代後半まで職を転々とした。本人いわく、日本では「落ちこぼれ」だった。ボールが見えないので、友達といっしょに野球ができないのが悔しかったという。そんな犬塚青年はアメリカとカナダでアートを学び、陶芸家、大学教員となった。自身の努力でアメリカンドリームを手にした視覚障害者の先輩である。

かつて僕は「さまざまな見方を味方にすれば」というキャッチコピーを提案したことがあるが、「さまざまな見方」の実践方法については手が出せぬまま放置していた。犬塚教授の「many ways of seeing」とは、「見る」ことを視覚に限定せず、多角的にとらえ直す斬新な試みである。授業は視覚障害者に対する単なる支援でなく、学生たちがアート、デザインによる自己表現、新しいコミュニケーションの可能性に気づく実践知の現場ともいえるだろう。犬塚教授や学生たちは、美術を教えてあげる／教えてもらうという一方向の関係を否定し、あくまでも視覚障害児童・生徒の自主性を重んじる「手伝い」のスタンスに徹している。

僕が参加した授業では、子どもたちが生き生きと版画作りに挑戦していた。犬塚教授の方針の下、学生が二名ずつ交代でリーダーとなって、毎回の授業のテーマを決定する。ちなみに、版画の次は陶芸（粘土遊び）、折り紙などのプログラムが予定されている。今回の版画の原版制作に当たっては発泡スチロール板を使用したので、ボールペンで描いた線が凹み、触覚で確かめることができた。原版にインクを付ける際には、まんべんなくインクが塗られているかどうか、ローラーの音の違いで聞き分けるなど、視覚障害者の手伝いをする工夫が随所に盛り込まれていた。

「many ways of seeing」が趣旨なので、見学（見て学ぶ）ができない僕は、子どもたちといっしょに版画を作ってみることにした。実際に手を動かして版画の作品（らしきもの）を完成させるのは、小学校の図工の授業以来である。小学生時代、強度の弱視だった僕は地域の学校に通っていた。弱視学級の教員のサポートもあり、勉強面で苦労することはほとんどなかった。

僕がマイノリティの悲哀を痛感するのは体育や図工の授業だった。とくに図工では、先生の「手」を見て真似することができず、一人取り残されてしまうことがよくあった。僕はけっして不器用ではないと自分では思っているが、景色をはっきり見ることができないので、写生の時間になると、何を描けばいいのかわからず、戸惑ったものである。図工の教師は視覚障害児を指導した経

写真31　ミシガン大学の「many ways of seeing」の授業風景（2014年２月撮影）

写真32　音に注目しつつ、ローラーで原版にインクを塗る（2014年２月撮影）

験がなく、成績評価も難しかっただろうと想像する。

小学生の時の版画は、家に持ち帰り、デザイン選び、彫刻刀での細かい部分の仕上げなどを父親に頼んだほろ苦い記憶がある。あれは手伝い（双方向）でなく手助け（一方向）だったと、今では少し反省している。僕が美術による精神の解放、身体を自由に動かす体育の快感をたっぷり味わうのは、盲学校に進学した中高時代である。

ミシガンの学生たちの闊達な雰囲気に支えられて、僕は版画作りに没頭した。頭でデザインを考えるのでなく、自然に手が動いて作品ができあがっていくのが我ながら不思議だった。僕の作品のテーマは「手」である。まず、画面中央に左手の手形をしっかりトレースする。手のひらの真ん中には、ミシガン訪問記念ということで「M」を配した（念のため、某ファストフード店のロゴマークではない！）。作品下部にはサインとして「Ｈｉｒｏｓｅ」を入れた。印刷すると左右がひっくり返るので、原版を作る時は右から左へ、鏡文字を書きこむことになる。ほんとうは漢字で「広瀬」と書きたかったのだが、逆さにするのが難しいためアルファベットにした。

作品上部には、点字で「hand」と読める丸い点の組み合わせを置いた。点字は凹面（書き）と凸面（読み）で左右対称となる性質があるので、点字を知らない人にとっても「hand」の点の配列は、美しいデザインと見えるのではないかと期待している。手形の周りが少しさびしいので、模様として平仮名の「て」をランダムに配置した。なんとなく「て」の字からは四方八方に伸びる「つながり」をイメージできるし、逆字も書きやすい。全体として、英語と日本語、点字（触覚）と墨字

（視覚）を混在させて、僕なりに「many ways of seeing」を具現したつもりである。

授業で実感する多様な「生きる手法」

作品の出来はさておき、僕は自力で版画を仕上げるプロセスに喜びを感じた。印刷後、作品発表会が行われた。視覚障害児童・生徒それぞれがオリジナル作品を手にして、自作のモチーフを誇らしげに説明する。各人各様の達成感が僕にも伝わってきた。ああ、僕が小学生のころにも、こんな授業があればよかったのに……。

近年、視覚障害児が地域の学校に通う「インクルーシブ教育」が、国際的な潮流となっている。米国では盲学校が閉鎖される州もあるという。日本でも第二次大戦後、瞽女のような盲人のみによる排他的な組織は、前近代の遺物として忘却されてきた。たしかに、障害の有無にこだわらず、誰もが主体的に社会参加できるインクルージョン（包括）はすばらしいし、障害児が地域コミュニティで円滑に暮らしていくためにも、公立の普通学校に通学することは不可欠だろう。

では、視覚障害者ならではの「生きる手法」の継承、当事者集団のアイデンティティに根ざす手解きと手習いの連鎖はどうなるのか。障害児教育のノウハウの蓄積がないまま、地域の学校が「お客さん」として盲児・弱視児を受け入れる。そんなインクルーシブ教育の最前線では、手伝いでなく手助けが重視されてしまう傾向があることに、僕は危惧を抱いている。

犬塚教授の授業では、作品発表会の後、子どもたちが自主的に版画道具を片づけ、昼食の準備を

写真33　自信作を手に、得意のブロークン英語炸裂！（2014年２月撮影）

写真34　作品発表後の昼食会（2014年２月撮影）

した。貧困層の子どもが多いので、大学生のお兄さん・お姉さんといっしょに、おいしい食事を楽しんでほしいというのも、犬塚教授のさりげない配慮である。サンドイッチや飲み物を配るのは見常者の学生だが、ナプキンや紙皿を配布するなど、視覚障害者も、できる範囲で手伝いをしているのがすがすがしい。何もせずに、ぼうっと座っているのは僕くらいである（そのくせ、サンドイッチは人一倍食べてしまった）。犬塚教授や学生たち、そして視覚障害児童・生徒各自の「手」のぬくもりに満たされた食事会は、じつに和やかで幸福な一時だった。

犬塚教授の授業は、視覚障害者と見常者が出会う場であると同時に、日ごろは地域の学校で孤立しがちな視覚障害児同士が交流を深める貴重な機会ともなっている。インクルーシブ教育の弱点を補完する草の根の活動ともいえるだろう。手弁当も厭わず、視覚障害児の豊かな感性の成長に寄り添い、「手伝い」に注力する犬塚教授の地道な取り組みと、僕の押しかけ講演「瞽女の手」を比べるのは、なんとも失礼な話である。でも、犬塚教授と僕がめざすゴールは同じなのではないかとも思う。

英語の「handsome」の語源は「手で扱いやすい」だとされているが、現在では「堂々とした」「見事な」「寛大な」などの意味で、男性のみならず女性にも用いられる。僕はこの単語を拡大解釈し、二十一世紀の人類は「複数の手＝hand-some」を持つことによって、ハンサムな生き方ができるのではないかと考えている。多様な「生きる手法」に接触し、触発されることこそが、犬塚教授が提唱する「many ways of seeing」なのではなかろうか。「ミドルライフ」おじさんは、今後も瞽女の講演を通じて、「こんな生き方もある」ということを見常者に示していきたい。そして犬塚教授をお手本とし、視覚障害児と博物館を結びつける手伝いができるワークショップを積み重ねていくことにしよう。「俺だって なれるさきっと ハンサムに」

付記

最終的に、八か月のシカゴ滞在中に、十一回の講演を行なった。中には一般向けの講演に加え、日本史・文化人類学・博物館学の授業でゲスト講義を担当した大学もある。今回の米国長期出張では自身の研究の「発展」のみならず、「発信」を目的としていたので、多数の講演ができたことに手応えを感じている。僕の講演をアレンジしてくださった関係者の「手伝い」に感謝しつつ、以下に在外研究期間中の我が「手仕事＝ハンドメイド・レクチャー」の記録を紹介する。なお、「瞽女の手」の講演原稿（日本語）は補章として本書末尾に収録した。

・二〇一三年十一月十七日 「瞽女文化とユニバーサル・ミュージアム」（シカゴ大学東アジア言語文化学部）
・二〇一三年十二月三日 「Hands of a Goze」（テキサス大学アジア学部）
・二〇一四年一月二十一日 「Research on Methods of "Touching the World"」（セントラルワシントン大学人類学部）
・二〇一四年一月三十日 「Hands of a Goze」（ミシガン大学日本研究センター）
・二〇一四年二月四日 「Hands of a Goze」（アーラム大学）

・二〇一四年二月九日「世界をさわる手法を求めて」（プリンストン日本語学校）
・二〇一四年二月十日「Hands of a Goze」（イェール大学人類学部）
・二〇一四年二月十二日「Hands of a Goze」（プリンストン大学東アジア学部）
・二〇一四年二月二十七日「Research on Methods of "Touching the World"」（モンタナ州立大学人類学部）
・二〇一四年三月二十三日「信仰と文化の継承について」（シカゴ地区「天理教よのもと会」）
・二〇一四年三月二十四日「The World Through Touch」（シカゴ市立ナマステ・チャータースクール）

第七章　ふらふら・わくわく――二〇一四年三月の響記から

1　点字の嬉々と危機

大学における障害者支援

点字は二十二世紀にも残っているのだろうか。最近、よくこんなことを考える。二月末、モンタナ州立大学を訪ねた際、学内の障害者サービス担当者からショッキングな発言が飛び出した。「近年、さまざまなテクノロジーが進歩しているので、もはや点字は時代遅れです。点字はかさばるし、読み書きするためには特別の機器も必要なので効率が悪い。視覚障害学生で点字を使う人はほとんどいません。点字は十九世紀、二十世紀の遺物といえるでしょう」。点字好きの僕は「でも、僕のように英語が不得意な者は、音声だけで文章を理解するのは困難です。点字でしっかりスペルを確かめないと、辞書で調べることもできません」と反論してみたが、件のコーディネーターの点字不要論は揺るがなかった。

今回の在外研究期間中、僕は米国各地の大学を訪問した。アメリカの大学は全体的にマイノリティの受け入れに対して積極的で、障害学生の支援を担当する部署も設置されている。ただし、シカゴ大学を含め、いわゆる一流の私立大学では、重度の障害学生の姿を見ることはあまりない。「自己責任＝自己実現」の生存競争の原則が徹底している修学環境は、障害者にとって優しいものとはいえないだろう。他方、一般に州立大学では障害者サービスが充実している。僕が訪れたモンタナ州立大学でも一九七九年に障害者サービスを専門とするオフィスが開設され、現在は六百人の障害学生が在籍しているという。もっとも、障害学生の半数以上は学習障害・発達障害者であり、視覚障害・聴覚障害者はさほど多くない。

障害者サービスのオフィスに隣接して、ベテラン（退役軍人）の支援窓口が置かれているのは、なんともアメリカらしい。戦場で多種多様な精神的・身体的障害を負う兵士が増えており、彼らの社会復帰、リハビリを促進するのも、州立大学のミッションの一つとなっている。日本人の平和ボケと言われれば否定できないが、戦争と障害者の密接不可分な関係を旅先の大学で再認識させられたのは意外だった。

さて、前述したモンタナ州立大のコーディネーターは、多数の障害学生に関わってきた豊富な経験に基づき点字不要論を展開しているので、その発言を軽視することもできない。米国や日本だけでなく、点字離れは世界の視覚障害者間で進展している。アメリカでは「点字復活」を掲げ、複数の当事者団体が点字の重要性を力説しているが、情報入手方法が多様化する現代において、点字の相対的な地位が低下したのは明らかである。とくに若い世代の視覚障害者はパソコン、デジタル録音図書に依存し、点字に触れる時間が少なくなったといわれる。

「点字復活」運動では、点字が読める人（reader）が視覚障害コミュニティ、ひいては一般社会の指導者（leader）になれると主張されているが、どうも青年層に対するインパクトは弱いようだ（そもそも、昨今の若者は「leader」になりたいとも思わないのだろう）。「reader」がほんとうに「leader」になれるのか、rとlの区別が曖昧な僕にはよくわからないが、たしかに僕の周囲でも、社会の第一線で活躍する全盲者は、「自分の文字」として点字を大切に使っている印象がある。

とはいえ、医学の進歩により先天性の視覚障害者の数は減っており、その一方で中高年の中途失明者にとって、点字の触読をマスターするのは至難の業である。日本の視覚障害者（身体障害者手帳保持者）は約三十一万人で、そのうちの一割ほどが点字使用者だと推定されている。この数値が劇的に上昇することは期待できないし、点字ユーザーは究極のマイノリティ、絶滅危惧種ともいえるだろう。バリアフリー、ユニバーサルデザインのシンボルとして、街中の点字表示が増えているのに、実際にそれを利用する人が極端に少ないというのは皮肉である。もちろん、数字のみで物事を判断するのは危険だが、残念ながら点字の未来は明るいとはいえない。

イリノイ盲学校の歴史と現在

自分が生きている間に点字がなくなることはないと信じる僕だが、今はまだ、「点字復活」を実現する起死回生の具体策をあれこれ模索中である。温故知新、未来を切り開くためには過去を知ろうということで、三月中旬、イリノイ州の盲学校を訪問した。シカゴからイリノイ州の州都、スプリングフィールドまでは電車で三時間半。そこからさらに車で一時間ほどの田舎町、ジャクソンビルに盲学校がある。正式名称は「Illinois School for the Visually Impaired」。全盲者だけでなく、弱視者も教育対象であることを明示するため、「the blind」（盲人）ではなく「the visually impaired」（視覚障害者）が用いられているようだ。一八四九年に創設された本校は、点字タイプライターや点字製版機の発明で全米の視覚障害教育をリードしてきた伝統校である。

米国はインクルーシブ教育の先進国で、各地の盲学校の児童・生徒数は減少している。地域の学校に通う視覚障害児に対しては、放課後や夏休み期間中に、巡回教員が点字や白杖歩行の個別指導を行う。イリノイ盲学校の生徒数も、六〇年代のピーク時に比べると半減しており、重複障害の割合が高くなっている。率直に言って、僕が訪ねた当日も、学校内に活気は感じられなかった。

一九五四～七六年の期間、盲学校の正式名称は「Illinois Braille and Sight Saving School」だった。この校名は、全盲者には点字（braille）を通じて自立と社会参加を促すこと、弱視者には残存視力をできるだけ保存（sight saving）し、見常者中心の社会で生きる術を身につけることを呼び掛けたスローガンともいえよう。盲学校の名称に「点字」が使用されているのがおもしろい。

一九七六年、校名は現在の「School for the Visually Impaired」に変更される。これはコンピューターによる各種支援機器が開発され、点字の教育的位置づけが後退したことを反映しているのだろうか。盲学校でなく、地域の学校に通う視覚障害児数の増加が顕著となるのも一九七〇年代である。イリノイ盲学校の黄金時代は、「点字」と「視力保存」という明確な教育方針を打ち出すことがで

写真35　イリノイ盲学校のメインビルディング前にて。体育館、カフェテリア、寄宿舎などが併設される広大なキャンパス内を移動するだけでも、視覚障害者の歩行訓練となる（2014年３月撮影）

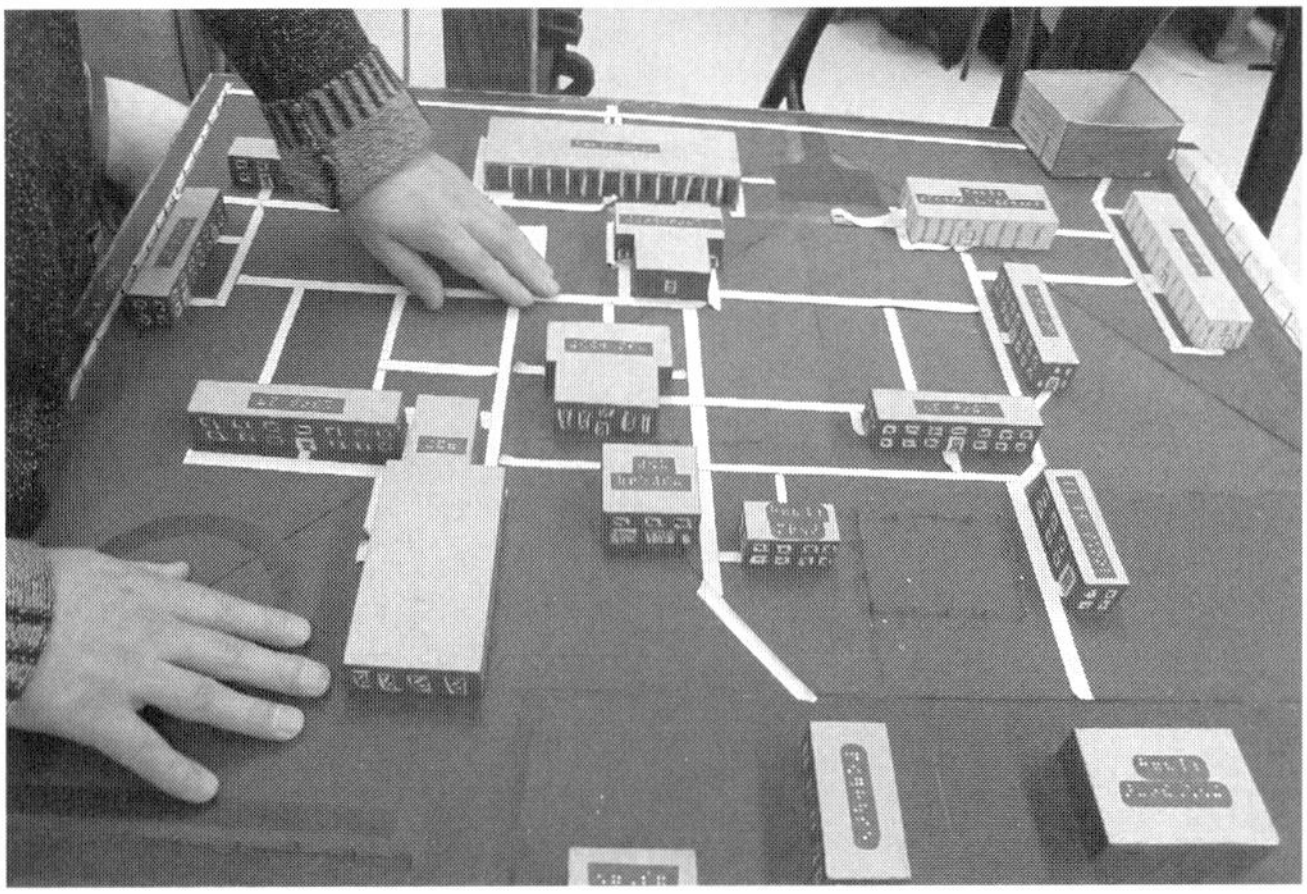

写真36　資料室に置かれたイリノイ盲学校の校舎模型（2014年３月撮影）

写真37　盲人用筆記具の解説をするダン（2014年３月撮影）

きた一九五〇～七〇年代だったのかもしれない。

　やや元気のない今日のイリノイ盲学校にあって、一人溌剌としていたのが「ヒストリカルルーム」（資料室）担当の全盲男性、ダンだった。彼はイリノイ盲学校の卒業生で、長年母校で点字、コンピューターなどの授業を受け持ってきた教師である。退職後はボランティアで資料室の整備に尽力し、最新機器の操作法の講習会など、手から手への技術伝授も続けている。

　ダンの日常業務では手書き文書のデジタル化、パソコンによるデータ整理に加え、建て替え前の旧校舎のブロックを拾い集め、盲学校内の特徴的な「音」を録音するなど、触覚と聴覚を活かす視覚障害者ならではの資料収集に励んでいるのがユニークである。彼の頭の中には一六〇年余の盲学校の歴史がインプットされている。しかし、どうやら頭だけでは足りないのか、僕といっしょに校内を歩く際は、身体全体から記録を引っ張り出すように、大きなお腹を前後左右に動かし、母校への愛を表現していた。

とりわけ古い点字器やタイプライターの前では、ダンの説明に熱が入る。視覚障害者が自らの手で創り、使い、伝えてきた点字。ダンは僕の手を取り、点字の意義を熱く語る。今は前世紀の「遺物」となった点字器やタイプライターに触れながら、僕は自分が初めて点字を触読できた時の新鮮な感動、一文字ずつ懸命に点筆で書いた中学時代の点字ラブレターのことなどをありありと思い出した。やはり触覚は記憶を刺激するらしい（でも、埃っぽい点字器よりも、ダンの柔らかいお腹の手触りの方がよかったなあ）。

「どんなに時代が変化しても、点字が視覚障害者にとって不可欠なものであるのは間違いない」という点で、僕とダンの意見は一致した。二人は固い握手を交わしたが、ダンが引退してしまったら、あの資料室はどうなるのだろう。視覚障害当事者の先輩から後輩への「生きた知識」の伝達は継続できるのか。点字の危機を嬉々に変えるために、僕も頭だけでなく、柔らかい腹（身体全体）を駆使して考えることにしよう。「腹を割り　語る未来は　嬉々として」

2　「エクスクルーシブ教育」の提唱

「違い」を尊重する移民の国

米国内を旅行していると、人の親切さを実感することがよくある。道に迷い困っていると、すぐに周囲の誰かが声をかけてくれる。いうまでもなくアメリカは移民の国で、さまざまな外見、バックグラウンドを持つ人々が世界中から集まっている。「人はそれぞれ違うのが当たり前」という意識が社会全体に根付いているような気がする。「違い」の中には人種・国籍のみならず、障害も含まれている。多様性を許容しながら、新しい文化を築いていく。そんな壮大な実験の過程で、ユニバーサルデザイン、インクルーシブ教育などの理念が米国で成熟・発展してきたといえるだろう。

三月初め、シカゴ市内にある「ハルハウス・ミュージアム」を訪問した。ハルハウスは一八八九年、ジェーン・アダムス（一八六〇～一九三五）によって設立された移民・貧困者のためのセツルメント（隣保館）である。ジェーン・アダムスはソーシャルワークの先駆者とも称され、一九三一年にはノーベル平和賞を受賞している。ハルハウスは「持つ者と持たざる者の共同生活＝コミュニティ福祉」を具現し、各方面に多大な影響を与えた米国初のセツルメントである。ハルハウスの建物をそのまま活用して作られたミュージアムでは、アダムス女史の業績がわかりやすく紹介されている。夜間学校・慈善食堂・図書館・多彩なクラブ活動など、資料に即してハルハウスの歴史を知

写真38　ハルハウス・ミュージアムの正面にて。現在、ハルハウスはイリノイ大学シカゴ校の敷地内に保存されている（2014年３月撮影）

写真39　ハルハウス・ミュージアムの「音」の展示室（2014年３月撮影）

ることができるのが魅力である。

アダムス女史が実際に使用していた机やベッドなど、貴重な実物資料の展示がメインで、さわれる物は少ないが、ハルハウスの様子を肌で感じることができたのは有意義だった。アダムス女史が歩いたであろう階段を踏みしめ、さわったかもしれない本の表紙を手にする。あらためて現場に足を運ぶことの大切さ、歴史的建造物を保存・公開する意味を確認した。

ミュージアムの中で、もっとも僕の印象に残ったのは、「音」を効果的に利用した展示室である。その展示室には映像・画像はまったくなく、一九三〇年代のハルハウス周辺、および施設内で日々聞こえていた「音」が流れている。馬車の走行音、ミシンの機械音、食堂の喧噪、鳥の鳴き声……。どんな音が聞こえるかについては、展示室の壁面に簡単な解説が書かれている。来館者はじっと耳を澄まし、当時のハルハウスの状況を想像する。

来館者の想像力をさらに刺激するために、展示室の中央にはガラスケースに入った彫刻作品が置かれている。「Helping Hands」と題されるこの彫刻は、ジェーン・アダムスの社会改良運動に共鳴した多くの協力者の「手」をイメージして作られたものである。彫刻をじっと見るだけで、さまざまな年齢・階層の人々がハルハウスの運営を手助けしていたことが想像できる。「Helping Hands」に直接さわることができないのは少々不満だが、展示手法としては斬新であり、「ああ、先にやられた！」というのが僕の率直な感想だった。多文化共生を模索するアメリカでは、多感覚に訴える実験的な展示の試みも多い。それらの展示を触学・触楽できたのは、今回の在外研究の大きな成果といえよう。

日米の障害観を読み解く

ジェーン・アダムスの地道な貧民（＝移民）救済に代表されるように、アメリカには「違い」を認め、尊重するという点において、日本よりも、はるかに広く深い研究・実践の積み重ねがある。そういった先進事例、試行錯誤の歴史に学ぶことは重要だろう。しかし一方で、根強い人種差別、経済格差など、米国が抱える問題も看過できない。アメリカ的なインクルーシブ、ユニバーサルとは一味違う日本型の多文化共生スタイルがあってもいいのではないかと思う。そこで、以下では独断と偏見による比較文学論を手がかりとし、日米の障害理解の相違を浮き彫りにしてみたい。

日本では村上春樹の翻訳でも知られるレイモンド・カーバー（一九三八〜一九八八）は、短編小説の名手として米国内外で高い評価を得ている。一九八一年に発表された「大聖堂」は、彼の最高傑作である。小説は妻の友人の「盲人」が主人公の家を訪ねてくるシーンから始まる。食事を取りながら、主人公と盲人は何気ない会話を交わす。やがて主人公は、テレビ画面に映った大聖堂の形を盲人に説明しようと頑張る。だが、言葉だけでは大聖堂がどんなものなのか、詳細を伝えることができない。そこで盲人は、自分の手を主人公の手の上に重ねることを提案する。主人公はテレビ画面上の大聖堂をスケッチし、その手の動きから盲人は「見えない大聖堂」のイメージを広げていく。

当初は主人公（見常者）が盲人に「見える大聖堂」を教えるというスタンスだったが、徐々に二人の心は通い合い、「見えない大聖堂」を描く共同作業が成立する。最後は主人公も目を閉じ、無心に手を動かす。視覚の束縛から解放された主人公が「たしかに、これはすごいや」と、「見えない大聖堂」を文字どおり自画自賛するクライマックスの台詞は印象的である。

小説「大聖堂」には、健常者（マジョリティ）が障害者（マイノリティ）を支援するという一方向のコミュニケーションを乗り越え、真の連帯に至る可能性が簡潔に表現されている。こんなこと、現実生活ではありえないよと突っ込みを入れたくなる人もいるだろうが、見常者と盲人が心に映った「見えない絵」を共同制作するストーリーには、アメリカ的な開拓精神の力強さを感じる。

次に谷崎潤一郎（一八八六〜一九六五）の「春琴抄」に注目しよう。一九三三年に刊行されたこの小説は、盲目の箏曲家・春琴に丁稚の佐助が献身的に仕える物語である。僕自身は、子どものころに見た山口百恵・三浦友和の映画の記憶が鮮明で、なんとなく本作品は身分違いの恋をモチーフとする純愛物だと思っていた。アメリカの日本文学研究者との雑談から、谷崎について自分がほとんど知らないことを再認識させられ、「春琴抄」をじっくり読み返してみた。

小説の後半部分で、顔面に火傷を負った春琴の姿を見なくてもいいように、佐助は自らの両眼を針で突いて失明する。視覚を失った代わりに触覚の悦楽を得る、外界の眼を閉じて内界の眼を開くというのが「春琴抄」の主題である。失明した佐助は春琴の手足の肌の柔らかさ、三味線の妙音に陶酔しながら、心に映る美しい春琴のイメージを抱き、目に見えない永遠の観念世界に遊ぶ。「春琴抄」には谷崎独特の耽美主義が見事に凝縮されているといえる。

両眼を針で突く行為には、盲人と見常者が手を重ねる「大聖堂」の崇高な連帯をあざ笑う迫力が内包されている。「カーバー的なヒューマニズムなんて、まだまだ甘い」という谷崎の声が聞こえてくる。盲目になることは不幸ではない。盲目には、盲目にならなければわからない世界がある。その世界に近づこうとするのなら、見常者は針で両眼を突くしかない……!?

さて、ここでカーバー（アメリカ）型の障害観と谷崎（日本）型の障害観を僕流に要約してみよう。視覚障害者と見常者は同じ人間である。たとえ両者の立場に多少の相違があったとしても、その差異を認め合い心を通わせ、最終的に連帯することができる。この連帯が達成されるまでの道は険しいが、真の連帯を求め鋭意努力するのが人間のすばらしさである。これがカーバー（アメリカ）型の障害観といえるだろう。繰り返しになるが、多文化間の連帯を追求するあくなき挑戦のプロセスで、ユニバーサルデザイン、インクルーシブ教育の理念が鍛えられてきたことを明記しておきたい。そして、現在の日本がカーバー（アメリカ）型の連帯の実現に向けて、障害者関連の法整備に着手しているのも事実である。

一方、谷崎（日本）型の障害観では、そもそも見常者と視覚障害者（触常者）は別の価値観、異文化を保持していることに着目する。両者が連帯する理由はないと、安易なヒューマニズムをはねつける。触常者は視覚に頼らず、自己の身体に眠る触覚の美の発掘に邁進すればいい。考えてみると、目が見える者と見えない者は別々の世界に生きているという人間観の上に成立したのが、琵琶法師・イタコ・瞽女などの職能集団だった。日本の視覚障害者たちは、この「別世界」という発想に立脚し、独自の宗教・芸能を維持・継承してきた。琵琶法師・イタコ・瞽女を育んだ日本の風土から、名作「春琴抄」が生まれたといっても過言ではあるまい。

二十一世紀の今日、日本の盲学校・聾学校は文科省の特別支援教育の方針の下、「視覚支援学校」「聴覚支援学校」に名称変更されている。僕はこの「特別支援」という言葉に強い違和感を覚える。たしかに、視覚障害者が見常者中心の社会で生きていくためには、「特別な支援」が必要だろう。しかし、それはマジョリティである見常者の論理でしかない。

もしも支援という語を使うのなら、盲学校は「聴覚・触覚支援学校」とすべきではなかろうか。足りない部分（視覚）を補うのではなく、残された部分（聴覚・触覚）を磨くというのが本来の日本的な障害観である。もちろん、僕は周囲の友人・知人に対し、佐助のように両眼を針で突いてみろなどと言うつもりはない。でも、特別支援教育を推進する文科省の役人方には、ぜひ「春琴抄」を熟読していただきたい（って、僕も文科省から給料をもらってるんだっけ!?:）。

僕が中高時代を過ごした一九八〇年代の盲学校には、「school for the blind」という側面のみならず、「school of the blind」の伝統が確実に息づいていた。おそらく、ダンが在籍していた六〇～七〇年代のイリノイ盲学校（Illinois Braille and Sight Saving School）も同じだったのではないかと想像する。視覚支援学校の教育現場では、「of the blind」の谷崎（日本）型の障害観が顧みられることはほとんどない。国際的に広がるインクルーシブ教育の潮流を否定するつもりはないが、「of the blind」の文化が伝承される場の確保、マイノリティが別世界で生きる自信と勇気を持つための環境作りが必須であることも強調しておきたい。

以上、カーバー型、谷崎型などと小難しい屁理屈を並べてみたが、つまるところインクルーシブ教育、特別支援教育に代わる新概念を具体的に提案する力は、今の僕にはない。また、点字を視覚障害者の「さわる文化」として二十二世紀に送り届けたい熱望はあるものの、そのために何をすればいいのか、暗中模索が続いている。しかし、すくなくとも障害の有無に関係なく、すべての人が地域の学校に通うことだけが、初等・中等教育の目標ではないと思う。「聴覚・触覚支援学校」で、視覚障害者の教師が、見常者の生徒を指導する教育があってもいいだろう。

僕は、マイノリティの別世界性を重んじる教育を「エクスクルーシブ教育」と名づけたい。「exclusive」（排他的、独占的）とは、カーバー（アメリカ）型の多文化共生路線とは相容れない面もあるが、谷崎（日本）型の共生モデルを構築する場合、キーワードになるのは間違いない。うーん、教育問題は僕にはいささか荷が重い。今後は日米の視覚障害教育の専門家と情報交換しつつ、「エクスクルーシブ教育」の未来を僕なりのスタンスで、ぼちぼち探究していくことにしよう。もちろん、頭だけでなく、柔らかい腹（身体全体）を駆使して、教育現場にも足を運ぶつもりである。「佐助さん　インクルーシブを　針で突く」

第八章　のろのろ・ばたばた――二〇一四年四月の響記から

1　宗教とは「むねの教え」なり

フィールドワークは「食」から始まる

「胃袋は心臓に近い」。これは一九五〇〜六〇年代にアメリカで活躍した天理教布教師の言葉である。まずはお腹（胃袋）をいっぱいにして、満ち足りた気分になったところで、心（心臓）に関する話を聞いてもらおう。こんな発想から、ロサンゼルスの天理教伝道庁では、しばしばスキヤキパーティーが催されたという。実際にスキヤキパーティーを通じて、どれくらいのアメリカ人信者を獲得できたのかは不明だが、僕自身も胃袋と心臓の密接な関係を体験的に理解している。

二〇〇二〜〇三年にプリンストン大学の客員研究員としてアメリカに滞在した際、ニューヨークにおける日系宗教の動向についてフィールドワークを行なった。ニューヨークには、世界宗教をめざす日系教団の支部が多数置かれている。いくつかの教団支部を訪問し関係者にインタビューしたが、その中でいちばん歓迎してくれたのが天理教だった。ニューヨークの天理教教会では、おいしい物をたらふく食べさせてもらったと言う方が、より正確だろうか。

食事時間を狙って調査していたわけではないが、プリンストン〜ニューヨーク間は電車で二時間近くかかるので、教会に泊めていただいたり、昼食・夕食をご馳走になる機会も多かった。僕は信者ではないが、食事を取りながら、和やかな雰囲気の下で密度の濃いインタビューができた天理教の調査経験によって、「胃袋は心臓に近い」ことを実感している。

日本宗教の異文化伝道

アメリカ天理教のフィールドワークを続ける僕の最大の関心は「異文化伝道」にある。好きか嫌いかはさておき、大多数の日本人は天理教の存在を認識している。日常的に天理教の教会は街中でよく見かけるし、高校野球や柔道を通じて、天理教に親しみを感じる人もいるだろう。一方、米国で天理教の名前を知る人はほとんどいない。アメリカ人に対し、日本の宗教の教義を英語で伝えるのは、じつに難しい。そんな状況下、天理教の教会に集う人々はあの手この手を駆使して、非日系人に対する布教を試みている。

異文化伝道を志す布教師たちと話していると、なんとなく僕は障害者（マイノリティ）と健常者（マジョリティ）の関係を想起する。米国社会にあって、天理教信者は圧倒的なマイノリティである。彼らがマイノリティの特性を活かし、アメリカにおける自己のアイデンティティを模索する姿は、健常者中心の社会で試行錯誤しつつ生きていく障害者に重なる。

アメリカの天理教は、日本の天理教と何が違うのか。教典の翻訳はどこまで可能なのか。こんな素朴な疑問を抱き、僕は二〇〇二～〇三年、ニューヨークのみならず、西海岸（カリフォルニア）の天理教教会を訪ね歩いた。今回、シカゴにおける僕の在外研究の目標の一つは、天理教の異文化伝道について調査を継続することだった。シカゴ地域には三つの天理教教会があり、そのうち一つの教会の月次祭に毎月参加し、信者と交流した。インタビューというよりも、おいしい物を食べながら雑談する形式の楽しい調査だった。シカゴの天理教でも「胃袋は心臓に近い」を再確認することができた。

量から質の調査へ

シカゴの天理教の活動は、さほど活発ではない。僕が参加した月次祭の出席人数は、毎月五～十人程度で、教会長（日本人）の子どもを除けば、信者は年配の女性、日系一世ばかりである。ニューヨークの天理教は文化協会を持っており、日本語学校、ギャラリーを活用し、多彩な事業を展開している。青年層、二世・三世の信者も多く、さまざまなイベントが企画されているのが印象的だった。プリンストン滞在時、三十代の僕は「若者」だと自負していたので、文化協会の行事にも積極的に顔を出し、青年会メンバーといっしょによく飲み、よく食べたものである。

そんなニューヨークのイメージを持ってシカゴで天理教の調査を始めた僕は、正直なところ少々がっかりした。異文化伝道、すなわちアメリカ人への布教という点において、シカゴの天理教は成功しているとはいえない。八か月の調査を簡単に要約すると、次のようになる。ニューヨークや西

写真40　シカゴ地区の天理教のミーティングにて。「大阪のおばちゃん」顔負けの元気な女性信者に圧倒される（2014年３月撮影）

海岸に比べ、シカゴは日系人の数が少なく、天理教教会の基盤も弱い。信者は、結婚をきっかけに渡米した日系一世が大半で、年齢層が高い。教会では日本語が使われることが多く、アメリカ人の信者はほとんどいない。

このようにまとめてしまうと、異文化伝道のテーマで、シカゴ天理教に関する論文は書けないことになる。論文が書けないというのも研究の一つの結論だと思うが、それでは八か月間、僕の胃袋（心臓？）を満たしてくれた天理教関係者に申し訳ない。自分よりも年上の教会長、一般信者からじっくり話をうかがううちに、アメリカ天理教、つまり海外における日本宗教の存在意義に関して、僕の意見が微妙に変化した。

プリンストンで天理教の調査をしているころの僕は、青年らしい開拓精神旺盛で、日本宗教がどこまでアメリカ人に受け入れられているのかという点に、もっぱら興味があった。その背景には、健常者中心の社会にあって、視覚障害者としてどうやって生きていくべきなのかという自分自身の人生の課題があったような気がする。三十代の僕は体力も充実しており、全米各地の天理教教会を訪ね、見聞を広めることに力点を置いていた。日本生まれの天理教がアメリカ社会に広がっていくためには、何が大切なのかを信者からの聞き取りで明らかにすることが、僕の研究スタンスだった。三十代は、もりもり食べる「胃袋」の時代だったともいえるだろう。

四十代半ばに突入した僕のシカゴ天理教調査では、結果的に個々人の内面の信仰に注目することとなった。一世信者の人生の中で、天理教の信仰はどのような意味を持つのか。そして、信仰を次の世代に継承するためには、何が必要なのか……。四十代の僕は、まだまだ「胃袋」に自信はあるものの、ゆっくりと「心臓」の時代へと移行しているのかもしれない。調査は一箇所の教会、限られた信者数に絞り、より深く各個人のライフヒストリーを聞かせてもらう。天理教の信仰が信者個々の人生にとって、どんな影響を及ぼしているのか、しっかり掘り下げる。さらに、その信仰は子ども（二世）世代の心に受け継いでいくことができるのか。このような関心に基づくシカゴ天理教の調査は、広さ（量）でなく、深さ（質）に着目するフィールドワークとでもいえるだろうか。

博物館に勤務するようになってから十年余、僕は「さわる展示」の実践的研究を積み重ねてきた。民博での実績がベースとなり、視覚障害者として、どのように生きるべきかという「人生の課題」に対し、自分なりの答えを出すことができたと思う。「ミドルライフ」に差し掛かった今の僕のテーマは、「障害」を切り口として考えてきた持論を普遍化し、後世に伝えていく手段を確立することに移っている。偶然にもシカゴ天理教の布教師たちの願いと、僕の現在の心境とは共通する部分が多い。

生き方を伝える道

天理教の教義では「むねのわかりたものはない」という言葉が頻出する。「むね」のわからない者たちに親神の思い（単なる病気治しから心直し、世直しに至る「むねの掃除」のあり方）を伝えるために、天理教は立教されたといわれる。「親神」という名称が象徴するように、天理教では親、家族の観念が重視されている。その日本的な教義は、個人主義の欧米社会では受容されにくい。また、「むね」という用語は「mind」「heart」「thoughts」などと英訳されるが、心身二元論に立脚するアメリカ人にとってはわかりにくい概念であろう。

日本語の「胸」や「腹」には独特の意味がある。僕流に「むね」を解釈してみよう。胸には心臓・肺・乳が含まれる。心臓は血液の循環、生命エネルギーに通じる。宗教的には「火」ともいえよう。乳は母子の愛情、親心のシンボルであり、命を育む「水」と言い換えることができる。呼吸を司る肺は、外界と内界をつなぐ「風」の役割を果たしている。つまり、「むね」という一語には、個人がいかに生きるべきか（心臓）、子ども・次世代を育成するために何をなせばいいのか（乳）、己の外部の事物とどう付き合っていけばいいのか（肺）など、複雑な要素が内包されている。

今回のシカゴ天理教調査では、「むね」がキーワードになった。まだ明確な論証はできないが、海外で日本人が生活していく際、言葉のハンディキャップをはじめ、多種多様な苦労が付きまとう。そんな中で天理教の教義、とくに教祖・中山みき（一七九八〜一八八七）の逸話は、信者が「むね」を鍛えていく上で重要な道標となっている。火・水・風を効果的に用いて、「むね」から「むね」へ信仰を伝えていくのは、容易なことではない。しかし、単純に教会に集まる人数の増減、非日系人信者の割合のみで異文化伝道の成否を論じるのは危険だろう。「むねのわかりたもの」が一人でもいれば、教えは後世に継承されるはずである。

僕が毎月お邪魔したシカゴの天理教教会では、教会長の四人の子どもたちが月次祭に出席していた。率直に言って、二世の子どもたちが天理教の教えのエッセンスを「むね」で体感・体得しているとは思えなかった。二世の若者たちは米国で生まれ、アメリカの学校教育を受けている。彼らの母語は英語であり、家族を重視する日本的な宗教観には少なからぬ違和感を覚えるようだ。「両親が一生懸命に取り組んでいる教団行事なので、月次祭には参加するが、たぶん日本人とは結婚しないだろうし、自分が教会を継ぐことはないと思う」と、彼らは本音を語ってくれた。僕は彼らとの会話を通して、もっとも身近な実子に教えを伝えていく「家族内布教」すら、海外の教会では困難であることを痛感した。

とはいうものの、天理教信者、教会関係者ではない僕は、天理教の信仰が継承され、教会が栄えることだけが「伝道」ではないと考える。無責任な部外者の暴論ではあるが、「むねのわかりたも

写真41　シカゴでの最後の仕事、市内の幼稚園での講演。英語が下手な僕は、次世代に「むね」を伝えることを意識して小道具の刀を振る（2014年３月撮影）

の」の生き方が周囲の友人・知人、さらには次世代の若者たちに何らかのインパクトを与えることができれば、広義の「伝道」は成立するのではなかろうか。

僕は研究者という立場で、天理教の教義に込められた「むね」を客観的に分析し、その今日的価値を非信者に伝えていくことにしたい。僕の拙い宗教伝道論が、教会で僕の胃袋（心臓？）を満たしてくださった天理教に対するささやかなお礼になれば幸いである。信仰の有無に関係なく、人生の先輩である教会長、一世の信者との対話は、火・水・風となって僕自身の「むね」を成長させたのは間違いない。腹の弛みが気になる「ミドルライフ」ど真ん中の僕だが、八か月間のシカゴでの研究成果に手応えを感じつつ、そろそろ胸を張って帰国することにしよう。「おっさんの 腹と胸とは 一体に」

2　琵琶を持たない琵琶法師

障害者文化と触文化

講演や書籍用に自分のプロフィールを書く際、これまで僕は「日本宗教史、障害者文化論専攻」と記してきた。あえて「日本宗教史」を先に挙げるのは、もともと僕が日本史、とくに民俗宗教や新宗教の研究をしてきたことへのこだわりである。一方、「障害者文化論」は曖昧で、明確な定義が難しい。「視覚障害」の当事者の実体験を基礎として、世の中の常識を疑ってみよう。そこから、健常者（マジョリティ）に対し、劣った存在とされがちな障害者（マイノリティ）が独自の文化を保持してきた歴史を再評価したい。「障害者文化論」には、こんな僕の願望が込められている。

しかし最近、僕は「障害者文化論」に代わって「触文化論」を使うようになった。そもそも、本書でも何度か述べたように、「障害」とは何なのか、考え始めると、よくわからない。僕自身、視覚障害者のことはそれなりに理解しているつもりだが、聴覚障害者や車いす使用者、ましてや発達障害・学習障害者の問題については、さほどの知識がないのが事実である。今では「視覚障害」という切り口でなく、〝さわる〟ことを得意とする者の視点から日本史、近代文明の再検討をめざすのが僕の研究の主題となっている。

シカゴでの「ミドルライフ」の八か月間、僕はさまざまな思い付き、こじつけを原稿にまとめてきた。本書各章の記事は、米国における日々のフィールドワークから生まれた成果だが、つまるところ僕の「触文化論」を広げ深めるのが今回の在外研究の究極の目的だったということができる。

琵琶法師との出会い

「触文化論」を普遍的な概念として練り上げることが、帰国後の僕の当面の課題だが、じつは「障害者文化」という言葉を使わなくなった背後には、「文化の継承」に関する僕の発想の転換があった。一九九〇年八月、僕は卒業論文の資料集めのため、「最後の琵琶法師」永田法順さんを取材した。永田さんは千軒以上の檀家の熱烈な信仰に支えられて、宮崎県延岡市を中心に活躍する地神盲僧である。宗教・芸能が混然一体となった活動を続ける地神盲僧は、中世の琵琶法師の姿を現代に伝える無形文化財保持者として、各方面で注目されている。僕がインタビューした当時、永田さんは五十代で、鍛え抜かれた〝声〟による祈りと、力強い琵琶の〝音〟で檀家を引き付けていた。

精力的に檀家回りをこなす永田さんの唯一の悩みは、後継者がいないことだった。第二次大戦後、盲学校教育が義務化され、視覚障害者の大学進学率もアップした。好き好んで琵琶法師の厳しい修行の道に入る若者はいなくなった。ラジオ、テレビの普及により、琵琶法師が持ち伝える語り物は前近代の遺物とされ、顧みられなくなっていく。

永田さんは初対面の僕に対し、いきなり「君、弟子になる気はないか」と半分冗談、半分本気で問いかけた。今でも時々、「あの日、僕が永田さんの弟子になることを決意していたら……」と考える。もしかすると、僕は「最後、はたまた最誤（もっとも誤った）の琵琶法師」となって、民博やシカゴ大学で公演をしていたかもしれない（あるいは、お笑い系のバラエティ番組出演という可能性も無きにしも非ずか）。

「昔から音痴だし、根性もないので、琵琶法師の修行に耐えるのは無理です」と、二十代前半の僕は、永田さんからの誘いをお断りした。客観的に振り返ってみて、中学時代に点字の楽譜が読めず、音楽の成績で5段階評価の「1」を取ったことがある僕は、逆立ちしても一人前の琵琶法師にはなれなかっただろう。

文化を継承するとは

永田法順さんは二〇一〇年に急逝した。彼の祈りの〝声〟と琵琶の〝音〟を受け継ぐ者はもういない。卒論提出から二十年余、研究対象として取り組んできた琵琶法師の歴史が消滅する現場に僕は立ち会うこととなった。永田さんが亡くなってしまった二十一世紀の今日、中世以来、視覚障害者たちが師匠から弟子へと、脈々と継承してきた「文化」は日本社会から完全に消え去ったのである。

同様に、江戸時代以降、新潟や長野などの雪国を中心に活躍してきた瞽女も、「最後の瞽女」小林ハルさんが二〇〇五年に逝去したことにより、終焉を迎えた。琵琶法師や瞽女の芸能は、まさしく視覚障害者文化である。「障害者文化論」専攻を標榜してきた僕が、琵琶法師や瞽女の消滅に当たって何もできなかったのは、いささかショックだった。

琵琶法師や瞽女の演奏は録音され、数は少ないが映像記録も残っている。また、見常者の三味線奏者が最晩年の瞽女に弟子入りし、瞽女唄を伝承しているケースも見受けられる。しかし、各地を旅し、「目に見えない世界」の魅力を〝音〟と〝声〟で表現した琵琶法師や瞽女の鮮明な記憶は、日本人の心から徐々に忘却されていくのは確かだろう。

ここで、あらためて僕は生き方、すなわち「むね」の継承について考える。琵琶法師や瞽女の精神を後世に伝えていこうとすれば、いうまでもなく盲目の師匠に直接弟子入りし、触覚と聴覚を介して芸を会得するのが、もっともオーソドックスな方法だろう。だが、天理教の信者数を増やすことのみが「伝道」ではないのと同じように、琵琶法師や瞽女の「むね」を芸能以外のスタイルで継承し、発展させる道もあるのではないだろうか。

たとえば、僕は視覚障害者（触常者）の立場を活かし、「さわる展示」を企画・実施してきた。この「さわる展示」は、「目に見えない世界」の魅力を表現するという点において、琵琶法師の『平家物語』や瞽女唄に類似している。「視覚障害者文化」といってしまうと、その担い手は視覚障害者に限定される。永田法順さん、小林ハルさんが亡くなった今、「視覚障害者文化」を厳密な意味で継承することはできない。しかし、「触文化」の観点で琵琶法師、瞽女の歴史をとらえ直すことは可能である。

僕は「琵琶を持たない琵琶法師」となって、瞽女や琵琶法師の「むね」を受け継いでいこう。シ

写真42　ニューオーリンズ美術館の彫刻庭園にて。「Three Figures and Four Benches」という作品は、「Walking Alone, Marching Together」（自立と社会参加）というアメリカの公民権運動の「むね」を体現しているように思えた（2014年3月撮影）

写真43　ニューオーリンズ美術館では視覚障害の来館者受け入れの前例がないにもかかわらず、教育普及担当者が僕の触学ツアーをガイドしてくれた。「むね」を伝えるためには、人の「手」が必要であることを再確認した（2014年3月撮影）

カゴの風に吹かれて「ミドルライフ」をたっぷり味わった僕は、さらにパワーアップした度胸を武器に、「文化の継承」という大きな研究テーマに立ち向かうべく、八か月ぶりに日本に戻ろうとしている。そんな僕の耳の底で、「むね」を震動させるシカゴのブルースの響きと、「むね」に沁みる琵琶法師の伸びやかな歌声が静かに重なり、融けあっていった。「音痴でも 胸にはいつも ブルースを」

付記

二月に訪問したプリンストン日本語学校では、小学生・中学生・高校生対象の三つの講演を半日で行なった（なんと、人使いの荒いことか!?）。同校は「継承語コース」（プリンストンコース中高部）を設置し、日系二世、米国への永住希望者に対する日本語教育に力を入れている。以下では日本語学校の「学校新聞」（二月十六日号）の記事、および講演を聴いた小学生の感想文（抜粋）を紹介しよう。目が見えない人生を異文化として楽しむ僕の「むね」は、子どもたちにどう受け取られたのだろうか。感想文を読んで、思わず笑ってしまった。

＊　＊　＊　＊　＊

「去る二月九日、国立民族学博物館の准教授で文化人類学者の広瀬浩二郎先生が来校し、一時間目は小学部（二年生と四年生の合同）、二時間目は中学部（一年生と二年生、およびプリンストンコース中高部低学年クラスの合同）、三・四時間目は高等部（中学三年生、プリンストンコース中高部高学年クラス、高等部の合同）と、三回にわたって、講演会が行われました。広瀬先生は生まれつき弱視で十三歳の時に完全に失明しましたが、その後京都大学に進み博士号を取得、今年度はシカゴ大学で客員研究員として障害者文化に関する人類学的研究をされています。二〇〇二年から一年間プリンストン大学に滞在された時にもプリンストン日本語学校で講演され、今回で三度目の来校となりました。プリンストン滞在時のことは著書『触る門には福来たる――座頭市流フィールドワーカーが行く！』（岩波書店）に詳しく書かれています。居合道や合気道の有段者で、視覚障害者サッカー日本代表チームの初代キャプテンも務めるなどスポーツマンの一面もあります。明るく、きさくなお人柄と魅力的な語り口で、児童生徒たちは時間を忘れてお話に聞き入っていました。広瀬先生、ありがとうございました。」

「わたしは、先生が女の人のトイレに入った時の話が一ばんおもしろくて、よかったです。」

「おおさかのはくぶつかんに行ってみたいです。目が見えなくなったとき、どこにいたんですか。」

「先生は、目が見えないのにすごく明るいのでびっくりしました。」

「はじめて目が見えない人を見ました。いい人と思いました。」

「おもしろいです。だってわたししらなかった。あなたおおさかからきた。」

「せんせいは目がわるいけど、せんせいはすっごいあかるいせんせいですね。」

「目が見えなくても先生みたいに明るい人がいると思いませんでした。」

終章　まあまあ・まだまだ――二〇一四年八月の響記から

1　シカゴの夢と大阪の現実をつなぐ

猛暑は身体を活性化する!?

とにかく暑い。最近は毎年、「今年の夏がいちばん暑い」と言っているような気がする。昨夏は日本よりも涼しいシカゴにいたためか、あるいは単なる老化で体力が衰えたのか、この夏はほんとうにしんどい。シカゴから帰国後、あっという間に四か月が過ぎた。「去年の今ごろはシカゴの街中をふらふら歩き、巨大なピザやハンバーガーを喜んで食べていたなあ」と、懐かしく思い出す。シカゴでの夢のような「日々の響き」は、人生の後半戦に突入するこれからの僕にとって、大きな宝物となるだろう。宝物とは大事にしまっておくのでなく、身近にあって身の回りで活かしてこそ宝物。シカゴの「響記」を大阪でどう活用していくのかが当面の僕の課題である。

民博に復帰後、館内外の雑事に追われ、なかなか在外研究の成果を客観的に振り返る時間的余裕がない。例年、夏休み期間中は各種講演会、研修会などの依頼を多く受け、出張する機会が増える。酷暑の中の移動は身体に疲労を蓄積させる面もあるが、精神的なリフレッシュができるのが嬉しい。

出張時の電車・飛行機内で、僕はぼんやり考え事をする（そのまま寝てしまうのが大半だが）。このぼんやりした時間から意外な発想、新たな理論（我田引水）が生まれることがよくある。やはり僕の場合は身体の「ゆらめき」（手足を動かして、どこかへ出かけること）がなければ、斬新な「ひらめき」は出てこないようだ。ゆらめき、ひらめきが人生の「きらめき」につながる！　ああ、本書の締めくくりの終章でも、我が熱き心を厚かましく駄洒落で言い表すとは、なんとも暑苦しい。

猛暑日が続く昨今の日本は、体感的には世界中で「もっとも暑い」国であり、誰もが未経験な「異文化」といえるのかもしれない。体温を超えるような屋外の蒸し暑さ、冷房の効いた室内の人工的な涼しさ。僕はこのコントラストが嫌いではない。だらだら汗をかき、昼夜ともに薄着（時には半裸?）で過ごす夏は、全身の皮膚感覚を意識するのに最適な季節なのである。熱しやすく冴えやすい頭、べとべと・さらさらした肌。そんな僕の身体でこれまでの異文化体験を回顧し、今後の研究（人生）を展望することにしたい。というわけで、まず読者のみなさんには、暑い大阪から関東に向かう僕の出張に同行していただくとしよう。

金は借りぬが目は借りる＝金目の法則

七月二十七日、僕は早朝五時一分に音声時計のアラーム音「コケコッコー」で目を覚ました（アメリカで買ったメイド・イン・チャイナの時計なので、正確には「cock-a-doodle-doo」かな）。大学に入学し一人暮らしを始めてから、なんとなく僕は01分、36分など、中途半端な時間に目覚ましをセットするようになった。本人は「分刻みのスケジュール」をこなしているつもりだが、もちろんたいした意味はない。今日は東海大学（神奈川県平塚市）で開催されるワークショップに参加するので早起きした。僕は全身の皮膚感覚を敏感にするために（単なる眠気覚ましか）、シャワーを浴びる。そして、味覚・嗅覚など、五感の働きをチェックしつつ（つまりは腹ごしらえ）、軽く朝食を取る。

自宅からバス停までは徒歩三分ほど。慣れた道をすたすた歩く。まさに目をつぶっていても（僕の場合は白杖がなくても）、単独歩行できる道である。自家用車・トラックなど、自動車のエンジン音はそれぞれ異なるので、バスの到着は「音」で知ることができる。颯爽とバスに乗り込んだ僕は、杖で空席を確認し、ゆっくりと座る。バスや電車内で空席を探すのは難しい。座席に先客がいるかどうかは、気配（音、臭い・匂い、温度）でなんとなくわかるが、百パーセントの自信はない。疲れている時などに、空席と思い込んで他人の膝の上に腰かけてしまいそうになったことが何度かある。座っていた人もびっくりしただろうが、僕にとっても空席探しの失敗は、じつに恥ずかしい。

まだ僕は若いつもりなので、わざわざ席を譲ってもらいたいとは思わない。でも、空いている席があったら声をかけて教えてほしいと、いつも感じる。もっとも、「あっちが空いています」と言われ、「あっちってどっちですか」と戸惑うケースもあるのだが。早朝ということで、この日のバス、電車の乗客は少なく、僕は楽に座席を確保できた。

地下鉄の駅では、ＪＲ西日本のプリペイドカードに二千円チャージする。近年はこのプリペイドカードが全国で使えるので、鉄道の乗り継ぎがずいぶんスムーズになった。点字料金表で目的地ま

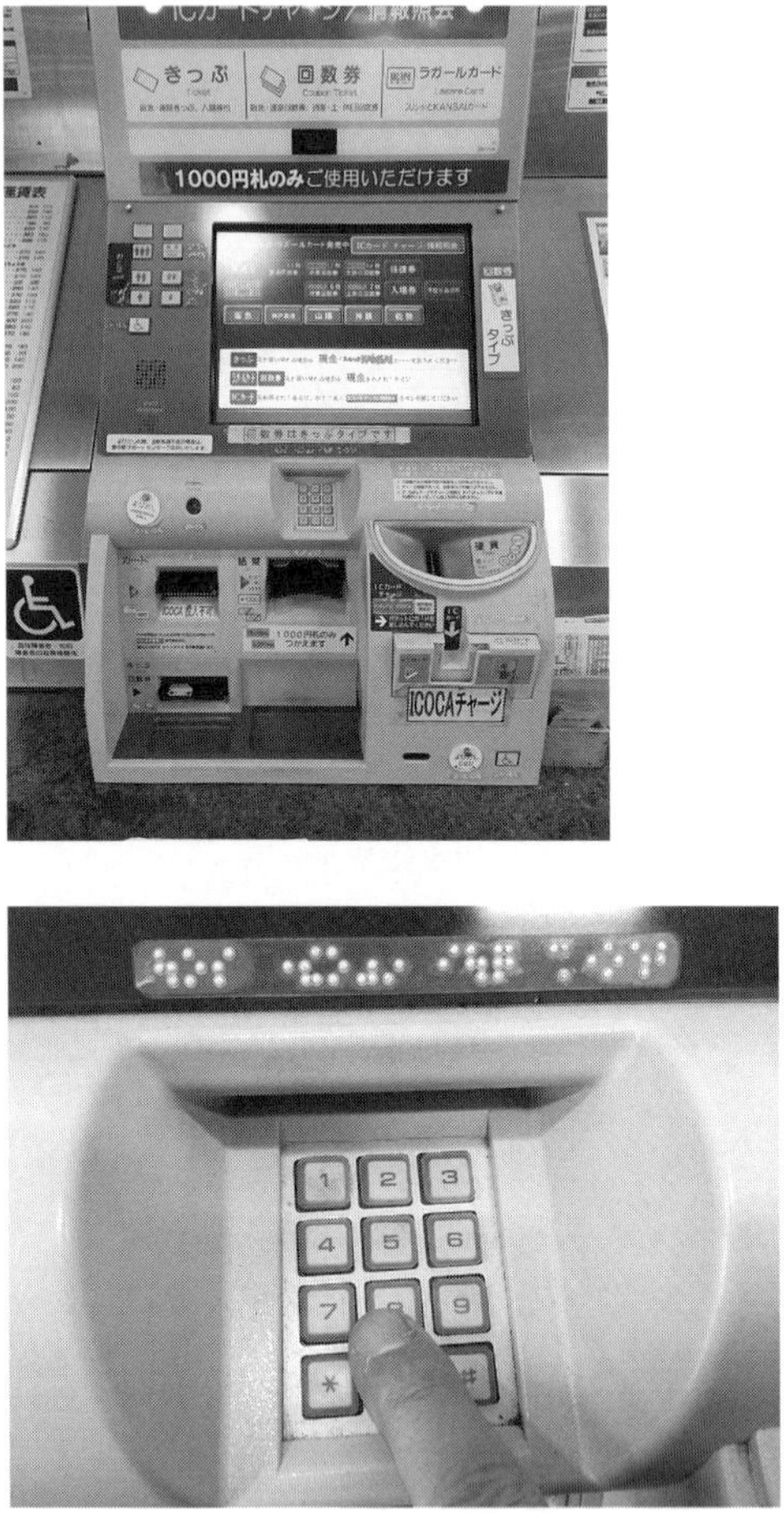

写真44　ある私鉄駅の券売機。点キー操作、音声確認により、視覚障害者も独力で切符購入、プリペイドカードへのチャージなどができる（2014年８月撮影）

での運賃を確かめ、券売機で切符を買うのはそれなりに楽しく、障害者が「自立」を自己証明できる機会としても貴重だと思う。しかし、視覚障害者の切符購入には見常者以上の時間がかかるのも事実だし、点字の触読が苦手な中途失明者も増加しているので、やはりプリペイドカードは便利である。

タッチパネルが使えないため、視覚障害者は点キー入力で券売機を操作する。ほんとうに「タッチ」（触覚による入出力）が必要な視覚障害者が、タッチパネルの利用対象から排除されている。つるつるの画面、さわっても視覚的な反応しか返ってこないタッチパネルは、僕たちにとって「タッチ撥ねる」である。常々僕はタッチパネルという名称に疑問と不満を抱いている。

それはさておき、幸いにも僕の日常生活において、障害者差別、マイノリティゆえの生き辛さを実感することはほとんどない。僕の個性が十二分に発揮できる職場環境が整っており、視覚障害の有無に関係なく気楽に付き合える友人も多い。だが時々、マイノリティの悲哀を味わうこともある。たとえば、先述の券売機の点キーはよく壊れている。大多数の見常者はタッチパネルの画面を操作するので、点キーの存在はあまり知られていない。どうやら、子どもたちが悪戯でランダムに点キーを押して遊ぶことが、故障の一因になっているようだ。

点キーのユーザーは圧倒的に少数なので、なかなか修理されない。一週間に一人くらいのペースで視覚障害者が点キーの故障を指摘しても、忙しい駅員は悪気なく忘れてしまうこともあるだろう。実際、僕も自宅の最寄り駅で三回続けて点キーの不具合についてクレームをつけたのに、一か月ほど直してもらえなかったことがある。三回目には自分の名前、住所、勤務先を告げて、点キーの修理を強く要請した（職場がライバルの鉄道会社とかだったら、もっと早く効果があったかなあ）。マイノリティが声を上げなければ、マジョリティは気づかないことがよくある。ここで「大勢が使用するタッチパネルの故障なら、すぐに直るのに……」と、ぼやいても仕方ない。絶対的な数が少ないのだから、せめて大きな声を出してマイノリティの思いを発信することが重要だろう。

話が横道に逸れたが、出張当日は点キーの不調もなく、僕は予定どおりの時間に新大阪駅に到着した。新大阪の地下鉄・JRの乗り換えには慣れているが、新幹線の切符購入のために窓口に行くのが煩雑なので、駅員に誘導を依頼する。ちなみに、乗車券を買う際に窓口で障害者手帳を提示すると、僕たちは半額割引を受けることができる。長距離移動になると、この障害者割引はたいへんありがたい（「半額↓半人前」という連想もないではないが、まあ単純に「人に優しいサービスは財布にも優しい」と考えることにしよう）。

地下鉄の改札で、僕はJRへの案内を駅員にお願いする。今日の公共交通機関では、視覚障害者をはじめ、さまざまな障害者のガイド方法に関する職員研修が繰り返されている。どこの駅に行っても、駅員の誘導は快適なものである。JRの改札からはJR職員が切符売り場、駅ホーム、新幹線の車内へとリレー方式で案内してくれる。自由（自遊？）主義者の僕は、いつも新幹線では自由席利用である。駅員は「どうぞご自由に」とホームに僕を放置するのでなく、きちんと自由席車両の空席まで誘導してくださる。僕が新幹線に乗車すると、到着時刻が降車駅に連絡される。目的の駅に着くと、その駅の職員が改札への案内、乗り換えのサポートを担当する。無料でＶＩＰ待遇のサービスが受けられるのだから、なんだか障害者になって得した気分である。

ここ二十年ほどの間に、日本の公共交通機関は視覚障害者にとって使いやすい移動手段へと変貌した。ハード面、ソフト面のバリアフリーという点で、日本の鉄道は世界最高水準にあるといえるだろう。人によるガイドのリレーは多少時間がかかるので、急いでいる時は不便なこともあるが、それでも安心・安全第一で、僕は駅員の「目」を積極的に借りるようにしている（金は借りぬが目は借りる。某大臣の「金目」発言は物議を醸したが、世の中には金で買えないものがある）。以前は改札でガイドを依頼しても、「人がいない」と断られたり、露骨にいやな顔をされることがあった（「変な顔」はわからなくても、「いやな顔」は声の調子で全盲者にもわかるものだ）。近頃は当然の権利として、堂々とガイド依頼できるのが喜ばしい。

新幹線のホームに向かいながら、僕は親切な駅員と雑談する。お決まりの天気ネタが中心だが、この何気ないおしゃべりは視覚障害者ならではの楽しみかもしれない。今日は残念ながら（？）僕を案内してくれた駅員はすべて男性だったが、改札や窓口では女性職員の姿も目立つ。たまに女性職員のガイドに当たると、その日は一日、上機嫌で過ごすことができる（べつに、男性の駅員が「外れ」というわけではありません、念のため）。小田原駅で新幹線から小田急線に乗り換えるまで、たっぷり時間があるので、僕はゆっくりと、どうでもいいこと、でも気になることを考え始めた。そもそも、なぜ僕はシカゴに行ったのだろうか……？　さあ、瞑想と妄想の我が自遊時間の開始である。

「猛暑日の　出張楽し　自遊席」

2　「触常者宣言」を読み直す

五年前の宣言の記憶

二〇〇九年刊行の拙著『さわる文化への招待』の巻末に、「触常者宣言」が掲載されている。この宣言は、僕の二十代～三十代の研究の総括といえる意義を有するものである。自分としてはフルスイングのホームランのつもりだった。宣言の発表から五年。ホームランは自己満足のレベルにとどまっており、率直にいって一般社会はもちろん、研究者コミュニティにさほどのインパクトを与えたとは思えない。

だが幸運にも、二〇一四年度の日本社会学会の大会シンポジウム（十一月二十三日、神戸大学）で「触常者宣言」が取り上げられることになった。これをきっかけに、僕自身、あらためて宣言を読み返してみた。その結果、シカゴでの在外研究の動機、僕がモットーとする〝考〟〝交〟〝耕〟のルーツが「触常者宣言」にあることを再認識した。

小田原に向かう電車内の僕の瞑想・妄想の中身をよりリアルにお伝えするために、まずは読者のみなさんにも「触常者宣言」にじっくり触れていただくことにしよう。なお、以下の文章は「触常者宣言」のオリジナル版なので、書籍所収のバージョンとは一部の語句が異なっていることをお断りしておく。

＊　＊　＊　＊　＊

そして「触常者宣言」が生まれた

一九八七年、大学入学直後の国史学のゼミで僕は「水平社宣言」に出会った。その時の衝撃は忘れることができない。水平社宣言の「吾々がエタである事を誇り得る時が來たのだ」という文言は、今でも僕が人権、障害者問題を考える上での原点となっている。迫力、格調ともに水平社宣言に比べるべくもないが、ここで僕なりの「触常者宣言」を発表し、みなさんといっしょに新たな時代の到来を喜びたいと思う。

=触常者宣言=

触常者とは〝考える〟人である。

視覚は瞬時に大量の情報を入手できるが、その視覚を使えない触常者は、日常生活において種々の不利益を被ってきた。視覚を使えない不自由が差別につながる悲劇も経験した。しかし、触常者は情報の量ではなく質の大切さを知っている。触文化（さわって知る物のおもしろさ、さわらなければわからない事実）の魅力を熟知するのも触常者なのである。たとえば、彫刻作品にゆっくりさわってみよう。触覚の特徴は、手と頭を縦横に動かして、点を線、面、立体へと広げていく創造力にある。じっくり考え、少ない材料から新しい世界を創り出す。見常者たちに〝考える〟楽しさを教えることができるのが触常者なのだ。

触常者とは〝交わる〟人である。

日本中世の琵琶法師は文字を媒介としない語りの宇宙に生きていた。彼らは、あたかも源平合戦の歴史絵巻が眼前に展開するかのように、『平家物語』を口から耳へ、耳から口へと語り伝えた。琵琶の音と鍛え抜かれた声。そんな聴覚情報を自由に視覚情報に変換していたのが琵琶法師の芸能だった。また東北地方のイタコ（盲巫女）は、見常者たちが見ることができない死者の霊と交わり、その声を聴いていた。視覚を使わない生業、便利な視覚の束縛から解放された所に五感の豊かな交換、交流の醍醐味があった。視覚優位の現代社会にあって、全身の皮膚感覚を駆使して生活する触常者の経験、〝交わる〟境地こそが必要とされている。

触常者とは〝耕す〟人である。

ルイ・ブライユはフランス軍の暗号にヒントを得て点字を考案した。六個の点で仮名・数字・アルファベット・多様な記号を表現できる点字は、触常者の柔軟な思考力から生まれた触文化の象徴である。触常者は、社会の多数派である見常者が使っている線文字が読めないために苦労を強いられてきた。だが、逆に見常者は点字を触読することができない。触常者は視覚を使わなくなった代わりに、触覚の潜在能力を開拓し、光に邪魔されることなく点字を読み書きしている。見常者が忘却してしまった広範で深遠な五感の可能性を〝耕す〟触常者の英知が、人間社会の明日を切り開く。

かつてある社会事業家は『光は闇より』と題する著作の中で、自己の失明体験を素材として宿命感（闇＝過去）から使命感（光＝未来）への転換を主張した。彼は使命感を持って戦中、戦後の日本で愛盲運動を組織し、障害者福祉の指導者となった。また、ある視覚障害者施設の創設者は「盲目は不自由なれど不幸にあらず」と述べ、全盲者として生きてきた人生を客観的に振り返った。彼は視覚障害に起因する読めない、歩けない、働けないなどの不自由の解消をめざし努力を続けた。

では、視覚障害とは使命感を持って克服すべきもの、あるいはさまざまな意味での不自由（マイナス）を抱え込まざるをえない苦境なのか。偉大な先人の業績に敬意を表すると同時に、僕たちは使命感、不自由からの決別を高らかに宣言しよう。じっくり考え、自由に交わり、広く深く耕す。二十一世紀は触常者の提示する世界観、人間観が積極的に発信できる時代である。今、触常者が育む〝考〟〝交〟〝耕〟のダイナミズムが僕たちの生き方を熱くする。時につるつるとしなやかに、時にざらざらとしたたかに。そんな手応えある生命の躍動を求めて！

「触常者宣言」の背景

僕にとって二〇〇九年は特別の年だった。点字の考案者ルイ・ブライユ生誕二百年。最初にそう聞いた時は「なるほど、ブライユは一八〇九年生まれ。日本でいえば江戸時代の終わりだから、たしかに昔だけど、大昔ではないな」と思うだけで、とくに感慨はなかった。しかし、よくよく考えてみると、生誕三百年の二一〇九年には間違いなく僕はこの世にいない。何か計画するなら、これが最初で最後のチャンスなのだ！

僕は二〇〇七年度後半から、点字をテーマとする企画展の準備を始めた。そして、展覧会の関連図書、参考文献となるような拙著の出版を意図し、既発表の論文、エッセーを整理した。ブライユ二百年の祝祭に便乗して拙著を売り込んでやろう。こんな不純かつ切実な願望が、点字器で原稿をまとめる僕を後押しする。拙著は二〇〇九年五月にめでたく刊行され、八月には企画展「…点天展…」の開幕を無事に迎えることができた。企画展の展示資料を集める国内外の調査を経て、拙著を練り上げる最終段階で生まれたのが「触常者宣言」である。

僕と点字のつながりは深く長い。やや大げさな言い方になるが、失明した僕に「自立」の自信と「社会参加」の自由を与えてくれたのが点字である。中学三年生の時、ろくに受験勉強もせずに、長時間かけて書き上げた点字ラブレター。誤字がなく読みやすい「きれいな点字」を書くために、

写真45　2009年８月～11月に民博で開催された企画展「…点天展…」の会場風景（国立民族学博物館提供）

まず僕は「点字表記法」の学習に励んだ。明確な目標を持って、自主的に自学・自習したのはこれが初めてだったような気がする。

「点字は解読できればいいんだ」「誤字が少々あっても通じることが大事だ」と豪語していた僕が、ラブレターのおかげで「きれいな点字」に目覚めたのである。不純でも、切実な願望があると、どうやら人は頑張ることができるらしい。ラブレター、さらにはその後の文通により、僕は自由に自己の意思を表現できる「自立」のすばらしさを知り、点字のありがたさを実感したのだった。

盲学校時代の六年間、僕は点字教科書・参考書を頼りに、自分なりの〝考〟〝交〟〝耕〟の実践に取り組んだ。その集大成となるのが大学受験である。点訳された問題文を触読し、点字で解答を書く。見常者と同内容の試験を受け、大学に合格する。「目的のためには手段を選ばず」ではないが、大学進学という同じ目的の達成に向かい、見常者と視覚障害者が違う手段（学習法）を用いて、同一の土俵で勝負できる。点字受験とは、当時の僕にとって「完全参加と平等」を実現するための挑戦だった。大学合格により、僕は「社会」で生きていく自信と喜びを得たともいえるだろう。

僕の半生からもわかるように、少なからぬ視覚障害者が点字をマスターすることによって「自立」と「社会参加」を享受している。ところが一九九〇年代以降、そんな点字の役割が大きく変化する。現在では視覚障害者間にパソコン利用が定着し、全盲者が画面読み上げソフトを使って墨字を読み書きするのが当たり前とされるようになった。

音声パソコンが普及し始めたのは、僕の大学入学前後である。一九八七年に大学進学した僕の場合、一年生時の授業のレポートは点字で提出し、盲学校・点字図書館に墨訳（点字を墨字にすること）を依頼していた。二年生からはパソコンを使用して、自力で墨字レポートを書くようになった。今ではEメールやインターネットに代表されるように、パソコンは視覚障害者の「自立」と「社会参加」にとって必須の日常生活用具となっている。ああ、こんなことを書いていると、自分が「歴史の証人」、古老になったのではないかと錯覚してしまう。それだけ昭和から平成、二十世紀から二十一世紀への時代の流れ（情報通信技術の進歩）は速かったということだろう。

一方、デジタル録音図書の登場で、視覚障害者の読書環境も激変する。従来の点字図書館は「視覚障害者情報提供施設」と名称変更され、点字本よりも録音図書の貸し出しがメインとなりつつある。僕自身も、月刊誌や小説など、多種多様な録音図書データをダウンロードし、通勤途中のバス、電車内で「耳からの読書」を楽しんでいる。

視覚障害者の情報入手方法の中で、点字の相対的地位が低下したのは事実だろう。点字は視覚障害者同士のコミュニケーション手段、自己完結する〝考〟〝交〟〝耕〟のツールとしては優れており、今日でも不代替の価値を保持し続けている。点字の最大の弱点は、社会の多数派である見常者との互換性がないことだった。この弱点を乗り越え、点訳・墨訳という煩わしいプロセスを介さずに、視覚障害者と見常者がダイレクトに情報交換・共有することを可能としたのがパソコンなのである。

触覚文字である点字の有用性を確信する僕だが、民博着任後は見常者に囲まれて仕事をしているので、点字に触れる時間は少なくなった。日常の雑事に追われる中で、二〇〇九年がやってきた。

世界各地でブライユ二百年を祝う行事が実施され、僕もそのいくつかに参加した。各国の記念イベントに共通する主題は、点字の歴史と意義、ブライユの功績を広く一般社会に訴えることである。それでは、僕はどのような形でブライユ二百年、百年に一度のチャンスを盛り上げる演出をすればいいのだろうか。

「点字の展示」を行うのなら、もちろんブライユへの感謝、視覚障害者の文字としての点字の必要性をアピールすることは不可欠の要素である。しかし、それだけでは他の視覚障害関係者が企画するイベントの趣旨と同じになってしまう。生意気な言い方になるが、僕にしかできない、僕だからできる展覧会にしたい。僕は「目に見えぬ」ブライユと対話するかのように、彼の伝記を何度も読み返した。点字は、世界の視覚障害者に「自立」と「社会参加」の恩恵をもたらしたのは確かだが、見常者にとってどんな意味を持つのか。「目に見えぬ」ブライユのメッセージを「目に見える」展示に集約するためのキーワードは、やはり〝さわる〟しかない。点字を「さわる文化」として再評価し、視覚優位の現代社会の「常識」を問い直すことが、「…点天展…」のメインテーマとなった。

ブライユ生誕二百年の企画展が終了し、五年が過ぎた。前述したように、(本人にとっては)オリジナリティあふれる「点字の展示」や拙著が、世間の見常者たちの生き方に影響を及ぼしたとはいえない。社会は、そう簡単に変わるものではないだろう。それゆえに、社会を変える不断の努力が肝要なのだともいえる。努力嫌いの僕の仕事、趣味の読書では、五年前と同じように、相変わらず

「点字離れ」状態が続いている（もっと真面目に原稿を書けば、点字を使う時間も長くなるのに、どうも執筆は遅々として進まない）。とはいえ、「二十二世紀に点字を伝えていくために、あなたは何ができるのか」というブライユからの問いかけに、不十分ながら僕は答えを出したつもりである。その答えを凝縮したのが「触常者宣言」だったということになる。

さて、僕が乗った新幹線は名古屋に到着した。途中下車し、きしめんでも食べたいところだが、「思い出した時だけダイエット」をしているので、今日はやめておこう。シカゴの時差ボケはとっくに消えているが、なぜか今朝は睡眠不足なのに、ちっとも眠くならない。五年前に発表した「触常者宣言」を取り上げて、自画自賛しているだけではブライユに怒られてしまう。次に、やや批判的な立場から、この宣言の問題点を挙げてみることにしよう。瞑想・妄想の自遊時間はまだまだ続く！

「触常者宣言」の未来

すでに読者の方はお気づきだと思うが、本書で僕は「見常者」という語を多用しているのに、「触常者」はあまり使っていない。じつは僕の心底には、ほんとうに「視覚障害者＝触常者」は成り立つのだろうかという躊躇がある。ここまで述べてきたように、点字を読めない（読まない）中途失明者の数が増えており、点字を日々触読する触常者はマイノリティの中のマイノリティとなっている。児童・生徒数が減少し、重複障害の割合が高くなった盲学校教育の現場では、触知・触察の技法、触学・触楽の醍醐味を継承・発展させていくのが困難な状況もある。

高齢化社会を迎え、弱視（ロービジョン）の視覚障害者は増加したが、一般に医学・福祉の分野では、残存視力の活用が強調されている。現状では弱視者が「さわる文化」に出会う機会は少なく、僕の定義に従うなら彼らは「見ることを常とする者＝見常者」となる。

触常者という概念を突き詰めていくと、さらに疑問が生じる。そもそも、触常者は見常者になれないが、見常者は触常者になれるのではなかろうか。「触常者宣言」では「見常者は点字を触読することができない」と断言しているが、これは「真実ならぬ事実」である。実際、僕の周りにも点字をさわって読むことができる見常者（変わり者？）が何人かいる。僕は十三歳の時に失明し、必要に迫られて点字の触読を練習・習得した。いうまでもなく、僕をはじめ、触常者の指先が特別に敏感だということはない。個人差はあるが、見常者も練習すれば、点字の触読能力を習得できる。ただ、見常者は目でも点字が読めるし、情報入手手段として触読は不必要なので、わざわざ練習しないだけである。

二〇〇九年の企画展の理念を拡大・応用し、僕は見常者を対象とする〝さわる〟体験型ワークショップを各方面で開催している。ワークショップでは、「みなさんがすらすら点字の触読ができたら、僕の商売あがったりですよ」と半分冗談、半分本気で参加者に語りかける。ワークショップの主眼は、「さわる文化」の豊かさ、奥深さを見常者に伝えることである。それでは、ワークショップが成功し、見常者の間に「さわる文化」が波及したらどうなるだろう。日常生活で彼らがどんどん〝さわる〟ようになれば、触常者の存在意義は消えてしまうのではないか。こんな自己矛盾を時々感じている。

たしかに、理詰めで考えていくと、触常者の地位は危うい。しかし、まあ社会はなかなか変わらないものである。触常者である僕が、社会を変えようとする活動を展開し、その結果として触常者が特性を失うのなら、それはそれでいいと思う。月並みな言い方になるが、「触常者と見常者の区別がなくなり、万人が触常者化する社会」を追い求め、僕は〝さわる〟ワークショップを継続していくことにしよう。ブライユ生誕三百年を迎えるころには、「触常者宣言」が人類史を変革した重要文献として、教科書に掲載されているかもしれない!?（と、自分が生きていない未来に関する発言は気楽というか無責任なものである）。

僕は、「さわる文化」とは視覚障害者固有のものでなく、万人に開かれた文化だと規定している。たまたま視覚障害者は視覚の便利さ、あるいは束縛から解放されたために、「さわる文化」を開拓・創造できたのだといえる。だから、「視覚障害者＝触常者」とするのは短絡的で、「触常者ではない視覚障害者」や「視覚障害者ではない触常者」がいる方が自然なのである。

と、頭ではわかっていても、僕は視覚障害イメージの転換をめざし、二〇〇九年に「触常者宣言」を発表せざるを得なかった。その背景には、触覚文字としての点字の危機に直面し、二十一世紀の視覚障害者は何にアイデンティティを求めればいいのかという僕の悩み、焦りがあった。おりしも二〇〇〇年代に入り、「最後の瞽女」小林ハルさん、「最後の琵琶法師」永田法順さんが相次いで他界する。「身体でみる」修練を積み重ね、独自の盲人文化を育んだ琵琶法師・瞽女の消滅は、「何かをしなければ」という僕のやる気を鼓舞した。

「触常者宣言」の不十分さと曖昧さ、弱点をもっともよく知っているのは僕である。抽象的な宣言に肉付けし、新たな身体知の可能性を模索するのが、この五年間の僕のフィールドワークの眼目だったといえよう。「触常者宣言」の増補版と位置づけられる本書から、僕の成長、いい意味での「中年化」を多少なりとも読み取っていただければ幸いである。

最後に「触常者宣言」の理論を実践に移すための戦略として、以下の三つの課題を挙げる。これらは、シカゴでの自遊な思索を想起する旅、小田原に向かう新幹線の「ゆらめき」の中で得た「ひらめき」である。四十代の「きらめき」を希求する僕のスローガンとして、ここに公表したい。

1．触常者の自尊心を育成する → 視覚障害教育現場の意識改革

2．触常者の主導権を拡充する → 大学における障害学生支援のあり方の再検討

3．触常者の持続力を稽古する → 「誰もが楽しめる博物館」の具体化

自尊心・主導権・持続力という「触常者」を鍛える三原則が出そろったところで、新幹線は小田原に着いた。こうして各地に出張し、さまざまな「ゆらめき」を体感できるのはありがたい。現在の僕の研究の拠点となっているのは盲学校・大学・博物館である（そう、この三つが僕の得意先、出張の主な行先なのだ）。シカゴの夢と大阪の現実をつないで、僕にしかできない身体論を構築する。まずは自分の身近な得意先で「社会を変える」熱風を起こすことにしたい。

ああ、何処も暑い。駅員の誘導で僕は電車を乗り換える。さあ、東海大学はもうすぐである。特急・急行はやめて、のんびり、着実に鈍行で前進するとしよう。「宣言の 夢の続きは 海を越え」

3　火にさわる、絵にさわる、知にさわる

「常識」を溶解するワークショップ

東海大学では、友人が企画するブロンズペンダント作りのワークショップに出席した。当日は「オープンキャンパス」のイベントデーで、たくさんの高校生、地域の一般市民が大学施設を見学していた。ワークショップでは各参加者がオリジナルのペンダントを作るのみでなく、東京の鋳金工房から小型の溶解炉を持ち込み、ブロンズを溶かすデモも行われた。一二〇〇度の高温を発する溶解炉は室内に設置できないため、屋外の駐車場スペースがワークショップ会場である。なかなか溶解炉を眼前で見る機会はないので、デモには大勢の人が集まった。ペンダント作りも六十名以上が体験したのだから、ワークショップは大成功だったといえよう。

それにしても、こんな猛暑日に高熱の溶解炉を用いるワークショップを屋外で実施するとは！　類は友を呼ぶというべきか、僕の友人も熱くて暑いやつである。当日、僕は単なる一参加者で、誰にプレゼントする当てもない（自分で使うしかない）ペンダントを作って喜んでいた。では、なぜ友人はわざわざ大阪にいる僕に声をかけてくれたのだろうか。まさか、ワークショップの熱さと暑さ

を倍増させるために、大阪の「変なおじさん」を招いたわけではあるまい。

ワークショップの狙いは、溶解炉の熱を肌で感じること、ペンダントの手触りを指先で味わうことだった。ブロンズがどろどろに溶解する様子を目で見るのは迫力十分だが、それだけなら映像で伝えることも可能である。一方、音を伴う溶解炉の熱は、その場に身を置かないと、実感を持って理解することが難しいだろう。日常会話では「風呂の湯加減をみる」「風向きをみる」などの表現がよく使われるが、いうまでもなくこの「みる」は、目で「見る」とは異なる。

おそらく、ワークショップを担当した友人は、「身体でみる」を提唱する僕が、何か気の利いた感想を述べるのではないかと期待していたのだろう。ところが、一二〇〇度の炉が吹き上げる熱風に圧倒された僕の口からは、「オーッ！　すごい！」という言葉しか出なかった。火の威力、それを制御する人間の知恵の偉大さを再確認させられる溶解炉デモだった。

ペンダント作りでは、ワイヤーブラシで原型から石膏を落とし、紙やすりでブロンズを磨き上げる。参加者の中には二時間近くも机に向かい、つるつる、ぴかぴかのペンダントを完成させる高校生もいた。丁寧に磨いていくと、ペンダントの手触りがどんどん変化するのが、じつにおもしろい。普段、僕が立案するワークショップでも「創ってさわる」「さわって創る」流れを大切にしている。手を使う物作りは、博物館の展示資料を優しく、ゆっくり触察する「さわるマナー」を無理なく普及・定着させる手段としても有効である。デジタル時代の「さわるマナー」の劣化（忘却）は、日常生活における「手作り」の不足に起因しているのかもしれない。

僕は高校時代の美術の授業を思い出しながら、紙やすりを何枚も取り替え、手触りのいいペンダント作りに没頭した。しかし、暑さのために集中力が続かない。「もういいよ、これで満足」。僕は二十分ほどで作業を打ち切り、さっさと涼しい室内で休憩する。きっと友人は、ブロンズの質感、素材や造形の魅力について、触常者である僕から示唆的なコメントを引き出し、参加者を大いに触発しようと考えていたのだろう。だが、僕が学生に語ったのは「いやあ、楽しいですね」の一言。ああ、触常者として、人の心に触れるような「つるつる、ぴかぴかの言葉」を磨かなくては。僕のボキャ貧は素直に認めるが、やはり暑い日に熱いワークショップを企画した友人も悪いぞ（と、またまた勝手な僕は責任点火、いや転嫁するのだった）。

夕方からは、ワークショップ運営に協力した学生スタッフの慰労も兼ねて、盛大な打ち上げが行われた。僕の頭の中に「働かざる者、食うべからず」という戒めが去来する。でも、ここで存在感を発揮しなければ、何のために東海大学に来たのかわからない。大学周辺は学生街ということで、安くておいしい、はたまた質より量を重視する店が並んでいる。溶解炉の火に刺激を受けた僕たちが入った店は焼肉屋だった（もっと涼しげな店があるだろうに）。さあ、食うしかないぞ！

学生時代、焼肉といえば僕にとって最高のご馳走だった。三日分の食事をするような勢いで、気合を入れて肉を腹に詰め込んだものである。幸か不幸か、二十代のころの食欲はまったく衰えず、僕は今日を迎えており、「思い出した時だけダイエット」に勤しむこととなった。ダイエットは遠きにありて思うもの。食い意地の張った「変なおじさん」は学生に囲まれて、完全に浮いている。

そう、草食系とも称されるように、最近の学生は、ほんとうに食べる量が少ないのである。隣に座った親切な女子学生のサポートで、すっかり「いい気」になった僕は、皿に入れられた焼肉を次々に平らげていく。まさに「わんこ肉」状態である。「若者よ、もりもり、がつがつ食わねえと、元気が出ないぞ」。おいおい、昼間のワークショップでいちばん元気がなく、お茶ばかり飲んで涼んでいたのは誰だっけ？「もっと食え」「元気がないぞ」と僕に言われるのは、学生たちにとって余計なお世話だろう。

草食、肉食、そして雑食……。いろいろな人が集まり「共食」することはコミュニケーションの基本である。僕は焼肉の舌触りを楽しみながら、若者たちとの交流を満喫した。翌日には今回の出張のメインイベントであるトークセッション「触察による批評／制作の可能性を探る」が予定されているので、宴会を早めに切り上げて、僕は東京に向かった。しまった、今日も食べ過ぎた。明日は胃もたれに苦しむことになるのか。食欲は同じでも、消化力・回復力は明らかに二十代のころとは違う。そろそろ自分の年齢を「身体でみる」健康法を学習しなくては！

絵にさわる①＝〝頭〟で味わうBF絵画

「さわる文化」を研究する僕は、今日に至るまであちこちで、あれこれと貴重な物を触察してきた。ミュージアムでは、目が見えないからという理由で、特別に触察が許可されるケースが多々ある。本来、僕は特別扱いが嫌いだが、時にはマイノリティゆえの特権があってもいいと思う。僕が

〝さわる〟ことの意義を説明する際、いつも例に挙げるのが彫刻作品の触察である。大きな彫像などを大胆かつ細心にさわれば、比較的容易に「目で見るだけではわからないこと」を発見できるし、何といっても理屈抜きで楽しい。

博物館関係の研修会などの場で、僕が自身の触察体験の事例を並べ、ユニバーサル・ミュージアムについて持論を展開すると、よくこんな質問が出る。「〝さわる〟ことのすばらしさは十分わかりました。でも、私が勤務する美術館は絵画の展示が中心で、さわれる資料がありません。ユニバーサル・ミュージアムを実現するには、どうしたらいいのでしょうか」。はてさて、困ったぞ。さわれる物がない所で、「さわる文化」は成立するのだろうか。シカゴでの在外研究期間中、僕は「さわれないものをさわる」実践的手法について瞑想・妄想していた。

一般に絵画など、さわれない作品は言葉で解説・鑑賞するのが、ミュージアムにおけるオーソドックスな視覚障害者対応である。僕が言葉による鑑賞を最初に経験したのは、ニューヨークのメトロポリタン美術館だった。アメリカ人のガイドが熱心に情景描写してくれたが、僕の第一印象は隔靴掻痒。英語が不得意な僕は、絵画を言葉で説明されても、あまり理解・共感することができなかった。日本でも言葉による鑑賞を何度も体験したが、どうも僕にはもどかしくて、しっくりこない。

言葉による鑑賞は、美術好きの中途失明者には有効で、実際に少なからぬ視覚障害当事者がこの方法でミュージアムを楽しんでいる。また、視覚的なイメージを言語化する作業は見常者にとって新鮮であり、「言葉にして、初めて見えること」に気づくチャンスともなっている。だから、僕としても言葉による鑑賞を全否定するつもりはない。

だが、僕のように幼少年期に失明した者、あるいは先天性の全盲者は、そもそも絵画を見た経験が乏しい。名画の構図を言葉で紹介されても、「ああ、そうですか、なるほどね」という受け身の鑑賞で終わってしまう。言葉による鑑賞は対話型とも称されるが、見常者（解説する人）と視覚障害者（解説を聞く人）では、手持ちの情報量に明確な差がある。これでは双方向の対話、対等なコミュニケーションはなかなか成り立たないだろう。

近年、一部の視覚障害関係者（点字出版所など）やアーティストが「さわる絵」の制作に挑戦している。さわれる図録、アートブックを刊行する美術館も増えてきた。言葉による鑑賞に飽き足りぬものを感じている僕にとって、「さわる絵」はきわめて有意義である。絵画の輪郭を盛り上げる印刷技法を用いるもの、絵画全体をエンボス加工して半立体化するものなど、試行錯誤が繰り返されている。UV印刷や立体コピーによって「さわる絵」を制作する技術力において、日本は先進国である。この分野で、日本人の繊細な美的センスが世界をリードすることを僕は期待している。

元来、絵画とは視覚芸術である。先天盲の視覚障害者に「色」を伝えることはできない。とはいえ、究極的には「できない」としても、その難題をさっさとあきらめていては、人類の知恵を冒涜することになる。社会の多数派が保持する「視覚文化」から疎外されたマイノリティへの対策を考える。これは難しいからこそ、おもしろい知的冒険になるのではなかろうか。

「さわる絵」は、視覚障害者が能動的に絵画にアプローチする有力な「手がかり」である。といっても、絵画作品に込められたすべての視覚情報を触覚情報に置き換えることはできない。多彩な視覚情報を取捨選択し、わかりやすい「触図」を作るプロセスは、アートの再創造ともいえるだろう。

現状では、視覚障害者用の「さわる絵」の数は限られている。「二次元表現の絵画を二次元半、もしくは三次元に翻案することは許されるのだろうか」という疑問を投げかける専門家も少なくない。しかし、芸術とは融通無碍なものである。日本文学には本歌取りという和歌のジャンルがあるように、絵画にも本歌取り的な発想が導入されてもいいのではないかと、僕は主張したい。たとえば、有名なモナリザを題材として、複数のアーティストが「さわる絵」を制作する。視覚障害者は多様なモナリザを自由に触察し、自分なりのモナリザ像を創り上げていく。「さわる絵」が数的にも質的にも充実し、作品の対比ができるようになれば、ユニバーサルな（誰もが楽しめる）「さわる絵画展」を開くことも夢ではないかもしれない。

僕は視覚障害者用に開発・再創造された「さわる絵」をBF（barrier-free）絵画と呼んでいる。簡易なものでもいいので、各地のミュージアムにBF絵画が普及し、視覚障害者の能動的な美術鑑賞が根付いていくことを切望する。もちろんBF絵画を使用する場合でも、見常者による言葉のサポートは欠かせないことを付言しておく。

どちらかというと、BF絵画は〝頭〟で作り、〝頭〟で味わうものである。どうすれば、視覚障害者に絵画の魅力を伝えることができるのか。こんな問いを共有し、見常者と視覚障害者（触常者）が柔軟な〝頭〟を寄せ合ってBF絵画の可能性を切り開く。「絵にさわる」地道な共同作業から、きっとユニークなユニバーサル・ミュージアムが生まれるに違いない。

絵にさわる②＝〝体〟で感じるGF絵画

七月二十八日、僕は東京・銀座のギャラリーにいた。そう、今日はここで日本画家の間島秀徳さんとの対談イベントが開かれるのである。僕にとって、新たな「さわる文化」へのチャレンジとなる記念イベント。これまで、僕が「絵にさわる」といえば、BF絵画しか思いつかなかった。ところが、今日は絵そのものに直接〝さわる〟のである。まずはご自身の作品に、初対面の僕が〝さわる〟ことを認めてくださった間島さんに感謝したい。

小さなギャラリーには、僕の友人・知人を含め、五十名ほどの参加者が集まった。立ち見のお客さんもいる。やはり「絵にさわる」というテーマは、万人の好奇心に訴える意外性があるようだ。

ちなみに、このトークセッションを企画したのは、僕の友人の篠原聰氏（東海大学・松前記念館）である。今回の僕の一連の出張の仕掛け人は篠原さんで、彼の旺盛な好奇心（愛すべき野次馬根性）が僕と間島さんを結びつけた。ブロンズペンダント作り、焼肉の打ち上げは、僕にとって「絵にさわる」身体感覚を研ぎ澄ますウォーミングアップだったのである。

間島さん、篠原さん、僕、さらには聴衆の熱気（野次馬たちの連鎖反応）がトークセッションを盛り上げる。僕には触察パフォーマンスをしようという意図はなかったが、当日はヘレン・ケラーの顔写真がプリントされたTシャツを身に着け、気合を入れて絵に対峙した。日ごろは恥ずかしくてヘレン・ケラーのTシャツを着ることはないが、この日は彼女の事績にあやかって「触常者」の心意気を示したつもりである。作品の上部には触れることができないので、ギャラリーに頼んで脚立を用意していただいた。さあ、いよいよ「身体でみる」絵画鑑賞が始まった！

余談だが、ここ数年、僕が講演をする際は「パワー歩韻渡（ぽいんと）」方式を採用している。パワーポイントで画像を駆使する講演もいいと思うが、触常者がわざわざ視覚情報に頼ることもないだろう。歩いて余韻を渡すとは抽象的でわかりにくいが、僕は「目で見る講演」でなく「身体でみる講演」のスキルアップに励み、さまざまなプレゼンテーション、そしてさまざまな「ウェイ・オブ・ライフ」があることを実証したいと考えている。この日も、僕は「見えない絵」の前を左右に歩き回り、身体から湧き上がる「韻」をそのまま言葉にした（つまりは口から出まかせということだが、本人は内なる響きを来場者に手渡しする「筋書きのないドラマ」を演じる心境だった）。

間島さんの作品に関して、芸術論の観点から批評する力は僕にはない。また、彼の大作に触れた感動をうまく言い表すことができるのか、ボキャ貧の僕には荷が重い。たまたま対談イベントの翌日に、僕は月刊誌『MOKU』の取材を受けた。そのインタビュー記事が同誌九月号の特集「〝疑問〟という知の世界」に掲載された。以下では雑誌記事を抜粋・引用し、僕の知的興奮を語り口調で述べることにしよう。なお、抜粋・引用に当たっては、句読点の位置、漢字表記などの一部を改め、適宜加筆した。

昨日、僕はある絵をさわりました。日本画家である間島秀徳さんの「KINESIS（seamount）」という大きな作品です。まず初めに、両手を広げて動きながらさわっていきました。手のひらにごつごつした凹凸があたり、例えるなら日本神話の国造りのように、神様がかき混ぜたものがぽたぽたと落ち、海底から陸地がぼこぼこと生まれている躍動を感じました。

次に、指先を使って小さく細かくさわりました。すると、大きくザーッとさわった時には平らだと思っていた「海」の部分も、じつはけっこう凹凸や流れがあることがわかりました。最初はごつごつして痛いなあと感じた所も、次第に手のひらになじむような気がしたりと、印象が変化していったのがおもしろかったですね。

また、一見（一触）するとバーッと大胆に描いている絵だという感想を持つのですが、間島さんと話しながら、じっくりさわっていると、緻密な考えや繊細さが僕の手から見えてきました。間島さんからすれば、魂を込めて創った作品をさわらせるのは、とても勇気のいることだと思うんです。作品の劣化につながるわけですから。それを許したということは、作品に対する自信もあるでしょうけれど、懐の深さというか優しさがあって、その「心」が手のひらからも伝わってくる。そうやって、いろんなことを感じられて、僕は「絵にさわる」触察鑑賞の可能性に自信を持つことができました。

僕がさわるところを目が見えている人たちが見ることで、少しでも「さわる文化」が広がればいいなという期待もあります。僕が美術作品にさわる時は、常に真剣勝負です。意識を集中し、想像力を働かせて一生懸命にさわる。そういう現場を見てもらえば、何かを感じていただけるかもしれない。なんだか楽しそうだから、さわってみようという人が現れたり、実際にさわらずとも、「さわるように見る」ようになるかもしれない。パッと見てわかったような気になるのではなく、一点に集中して徐々に視野を広げていったりと、今までとは違う視覚の使い方をするだけでも、すごく意義があるんじゃないかと思います。

視覚に束縛された人たちが、「さわる」ことを通じて、いろんな常識を疑い、ひいては森羅万象をとらえ直していく。「さわる文化」は、近代文明を再検討するための、まさに〝手がかり〟になると僕は確信しています。

間島さんは石や砂などの自然素材を大量の水で流し固める独自の技法を用いて、「KINESIS」を制作している。制作過程では、視覚的な迫力のみならず、触覚的な表現も意識しておられるという。偶然にも、今回の僕の触察による鑑賞は、「身体で描く」間島さんの制作スタイルを追体験する行為だったといえる。

「KINESIS」のように、世の中には目が見える人も「さわりたくなる」絵が多数存在する。〝さわる〟とは「目に見えない世界を身体で探る手法」だとすれば、〝さわる〟ことで、より深く理解・

写真46　触察鑑賞の歴史的（？）現場。銀座のギャラリーで全身を使って絵画と対話する（全て堀江武史氏・堀内陽子氏提供）

共感できる絵画があるに違いない。「絵にさわる」本格的な試みを始める最初の段階で、間島さんの作品に出会えた僕はラッキーだった。

人類の〝知〟の枠組みを揺さぶる力を内包する「KINESIS」のような作品、万人が「さわりたくなる」絵を僕はＧＦ（global friendship）絵画と名付けることにした。ＧＦ絵画を発掘し、「絵にさわる」という新しい鑑賞法に賛同する人を増やす取り組み、文字どおりグローバルな触察の輪（人的ネットワーク）を少しずつ広げていきたい。

ここで強調すべきなのは、ＧＦ絵画の鑑賞には、優しく、ゆっくり作品に触れて、作者の思いやエネルギーを身体で感得する「さわるマナー」が不可欠だということである。博物館・美術館において、資料保存と相容れない側面を持つ「さわる展示」はタブーとされてきた。だ

が、単純に「さわったら壊れる、汚れる」と決めつけることはできない。多くの人が優しく、ゆっくり、真剣にさわった結果、作品の質が「変化」するのは、必ずしもマイナスではないだろう。間島さんの「KINESIS」は、触察鑑賞による「変化」をも大きく包み込むような力強さに満ちていた。

〝頭〟で味わうBF絵画に対し、どちらかというとGF絵画は多様な〝体〟で自由（自遊）に感じるものである。視覚偏重の従来のミュージアムのあり方、見常者のライフスタイルを根本から改変するGF絵画の役割は、今後ますます重要になるだろう。僕自身、これからもBFとGFの二つの視座を忘れずに、ユニバーサル・ミュージアムの理想形を追求していきたいと思う。

「見えないから楽しい」人生後半戦

七月二十九日の午後、東京での仕事を終えた僕は、京都に向かう新幹線に乗車した。イベント続きで少々夏バテ気味なので、駅の売店で昼食用のうなぎ弁当を買った（迷ったけど、焼肉はやめておこう）。昨晩のトークセッションの熱気は、はっきりと僕の〝頭〟と〝体〟に残っている。今日は夕方から、九月刊行の拙編著『世界をさわる――新たな身体知の探究』（文理閣）の表紙カバーのデザインに関する打ち合わせが行われる。

これまで、何冊もの本を出してきたが（まずは、売れない拙著を引き受けてくださる奇特な出版社に感謝！）、いつも〝頭〟を悩ますのが表紙デザインである。デザイナーが提示する「絵」を僕は見ることができない。だから、周囲の複数の見常者に意見を訊き、僕なりの表紙イメージを創り、デザイナーに希望を伝えるしかない。最初のころ、この作業は僕にとって少し憂鬱だった。「ああ、目が見えていれば、もっと積極的にデザインを提案することができるのに」「表紙は見た目優先なのだから、デザインのことは見常者に任せよう」と言いたい時もあった。

でも昨今は、この「見えない絵」を〝体〟で感じる作業が意外とおもしろくなってきた。デザイナーの中には、簡単なBF絵画版を作って、イラストのコンセプトを丁寧に言葉で説明してくれる方もいる。見常者から得た情報（声の響き）を僕は身体に刻み込む。拙著の表紙デザインを検討する作業は、「さわれないものをさわる」実践的トレーニングとなっている。

過去の拙著ではカバーに点字を入れた本もあるが、今のところ予算の制約上、なかなか斬新な「さわる表紙」を作ることができない（本の価格が上がると、拙著の売れ行きは「より少なく、より遅く」なってしまう）。近い将来、目で見るだけでなく、さわって楽しめるGF絵画的な表紙を持つ本を刊行したいものである。

電子書籍は便利であり、紙の本はやがて消えていくのかもしれない。しかし、ページをめくる指の感触、表紙カバーの手触りなど、電子書籍では再現できないものもある。「さわる表紙」は、紙の本が生き残っていくための最後の砦になりうるのではないか。二十二世紀にも読み継がれるような「さわる表紙」の本をいつか作ってやろう（おいおい、表紙もいいけど、大事なのは本の中身でしょう）。うなぎパワー全開の僕は、元気よく京都駅のホームに降り立った。さあ、シカゴ帰りの「変なおじさん」の人生は、熱風とともに後半戦に突入だ！「折り返し まあまあだけど まだまだだ」

補章　瞽女の手——視覚障害者の「さわる文化」と現代

瞽女文化とは何か

瞽女とは、三味線を携え日本各地を旅した盲目の女性芸能者である。近世には瞽女の仲間組織が全国に分布していたが、近代以降は高田・長岡など、新潟県下で集団的活動が残存するのみとなった。「最後の瞽女」と称された小林ハル（一九〇〇～二〇〇五）が亡くなったため、視覚障害者が維持してきた瞽女文化は二十一世紀の日本社会から完全に消滅した。一九七〇年代には水上勉（一九一九～二〇〇四）の小説や斎藤真一（一九二二～一九九四）の絵画などを通じて、貴重な無形文化財保持者である瞽女の歴史、当時の生活の実態が広く一般に紹介されたが、現在では瞽女の存在を知る若者は少ない。

これまで瞽女は「差別に耐えて懸命に生きた女性障害者」「ハンディキャップを抱えながら旅を続けざるを得なかった孤独な芸能者」など、哀愁と悲劇の文脈で論じられることが多かった。戦後日本の障害者福祉の進展、盲学校教育の充実により、瞽女は前近代の遺物と位置づけられ、その後継者がいなくなった事実は歴史の必然とも考えられている。たしかに、長年にわたる厳しい修業を経て一人前の瞽女となっても、門付に依存する彼女たちの暮らしは不安定なものだった。一年のうち三百日以上は旅に出るというケースも珍しくなかった。旅の途中で行き倒れになったり事故死する瞽女も多数いたという。

もちろん、視覚障害者の大学進学が当たり前となり、職業的選択肢が少しずつ増えている現状は喜ぶべきだが、瞽女文化はこのまま忘れ去られてしまってもいいのだろうか。本章では瞽女の〝手〟に注目し、「音にさわる」「色にさわる」「心にさわる」の三つの切り口から瞽女文化の今日的意義と可能性にアプローチしたい。瞽女が独自の口承文芸として創造・伝播した瞽女唄を手がかりとし、視覚障害者の「さわる文化」が現代に果たすべき役割を明らかにする。

音にさわる＝瞽女の修業

高田瞽女の最後の親方で黄綬褒章も授与された杉本キクエ（一八九八〜一九八三）は、「おらはこれしか生きる術を知らん」と言って、戦後も瞽女の旅を続けた。旅から引退後は二人の弟子とともに高田の自宅で静かな晩年を過ごした。彼女がマスコミで取り上げられ、東京などで演奏会を行うようになるのは一九六五年以後である。そんな彼女が死ぬ直前に残した言葉が「もう唄の文句を忘れてしまった。生きている甲斐がない」だった。幼いころに失明した杉本にとって、瞽女という生業は「これしかない」究極の選択肢だったといえよう。杉本をはじめとするたくさんの瞽女たちの「これしかない」という真剣さ、まさに命がけの鍛練により瞽女唄が受け継がれてきたのである。

近世の瞽女は、説経節や浄瑠璃などの原材料を再構成して多様な瞽女唄を練り上げていった。祭文松坂（段物）、口説が瞽女唄の代表とされるが、それらは三味線の伴奏に合わせて長い物語を暗唱するものである。瞽女唄は師匠から弟子へ、盲女の手から手へと継承された。師匠は後方から抱きかかえるような形で弟子の手を取り、三味線の奏法を教えた。三味線の撥を長年握り続ける瞽女の手は固く変形していた。鍛え抜かれた手と指先から強弱・高低・長短自在の音が紡ぎ出されていたのである。

文字を媒介としない瞽女の語りは、口から耳へ、触覚と聴覚を通して伝えられた。瞽女たちが「これしかない」という集中力を発揮し、長大な語り物を記憶していたことは驚嘆に値する。さらに彼女たちは、聴き手のニーズに応じて柔軟に語りのスタイルを変えていた。瞽女唄には聴衆を引き付けるための工夫（即興と反復）が随所に組み込まれていたのである。「瞽女唄＝暗く悲しい物語」というイメージが流布しているが、じつは流行り歌や滑稽談なども巧みに織り交ぜて宴会を盛り上げることもしばしばだった。

写真47　三味線を弾く杉本キクエ（杉山幸子氏提供）

明治期に神戸で瞽女唄を聴いたラフ

写真48　妙音講で二人の弟子とともに唄う杉本キクエ（杉山幸子氏提供）

カディオ・ハーンは、以下のような感想を書き記している。「私はこれほど美しい歌を聴いたことがありません。その女の声の中には人生の一切の悲しみと美とが、また一切の苦と喜びが震動しておりました」。日本語を十分に理解できないハーンは、歌詞に惑わされることなく、瞽女唄の神髄が「震動」（原文は「thrilled and quivered」）であると喝破した。おそらく彼と同じように明治以前の日本人も、言語を超えた純粋な「音の震動＝響き」として瞽女唄を鑑賞したのだろう。

多彩な瞽女唄のレパートリーは、手を用いる動作を伴うことにより、リズムとメロディーを持つ七五調、ないしは七七調の「響き」として盲女の身体に刻み込まれた。そして、瞽女唄の「響き」は聴き手の心に入り込み、情感を揺り動かす力を内包していた。そのような力はどこから生まれてくるのだろうか。

先の杉本の発言、およびハーンの鋭い洞察からもわかるように、瞽女唄とは単なる音楽でなく、瞽女の人生そのものだった。杉本は「私は幸せだ。歳をとっても、明かりがなくても、何でもできる」とも述べている。彼女の日常生活で、もっとも重視されていたのが触覚である。裁縫が得意だった彼女は、唇と舌を駆使して、あっという間に針に糸を通すことができたという。拭き掃除を毎日欠かさなかったので、自宅は常に清潔だった。旅先での食事では、食べ残しがないかどうか、上手に指で確かめていた。瞽女の手は、時に見常者の目以上の働きをしていたのである。

瞽女唄は表面的には盲女の「声」と三味線の「音」、すなわち聴覚情報によって成り立っているが、この音声の背後には見常者とは異なる瞽女の人生の「響き」があった。視覚以外の身体感覚、全身の皮膚感覚を総動員して創られた瞽女唄の迫力が、視覚のみに依拠する見常者たちを魅了したのである。全身全霊でオリジナルな「響き」を創出した瞽女たちの芸能の特徴は、「音にさわる」とも表現できるだろう。

色にさわる＝瞽女の旅

津軽三味線奏者として一世を風靡した高橋竹山（一九一〇～一九九八）は、次のように語っている。
「じっと聴いていれば何かが見えてくるような、実際に見えるものよりも、もっとはっきりした、もっと鮮やかな、もっと大きな世界、そういう音を出したいものだ」。高橋は「津軽の三味線を聴けば、そこに津軽が表れてくるような音」にこだわり、生涯をかけて自己の芸を練磨した。日本音楽史が多くの視覚障害者によって支えられてきたのは、周知の事実である。盲人音楽家たちは「見

写真49　門付で米をもらう瞽女（上越市文化振興課提供）

えない世界」を追求する過程で、独創的な音曲を生み育てた。高橋竹山の津軽三味線と同様に、瞽女唄もこの盲人音楽の系譜に属するものということができる。

そもそも、盲人芸能の原点である琵琶法師の『平家物語』は、平家の怨霊の慰めのためになされた語りがベースとなって成立した。瞽女のルーツとされる中世の盲女は、鼓を伴奏楽器として『曾我物語』を語っていたという史料が残っている。『曾我物語』も亡魂供養を主題とする中世芸能だった。死者が支配する幽冥界は、前近代の日本人にとってごく身近なものであり、「見えない世界」の源泉だといえるかもしれない。

瞽女唄に「見えない世界」のリアリティを付与するために必須だったのが旅であろう。杉本キクエは新潟・長野県下を毎年繰り返し歩き、各地の瞽女宿で演奏を披露した。信州への旅については「風がすばらしかった、緑が見えるような気がした」という楽しい思い出がある反面、吹雪の山道を徒歩で進む辛い移動も経験している。瞽女宿は各村落の地主が引き受けるのが一般的だが、瞽女

写真50　瞽女の旅姿（杉山幸子氏提供）

の宿泊を歓迎し、演奏会（宴席）の場を提供することは経済的負担ともなった。それゆえ、瞽女宿は地主の名誉であると同時に、一種の義務とも認識されていた。戦後の農地改革による地主の没落、つまり瞽女宿の減少が、瞽女の旅の終焉につながる一要因となるのである。

高橋竹山が自身の門付について「苦労したとは思わない。金がないから歩いただけだ」と述懐するように、盲人芸能者にとって旅は米や銭を得るための最終的な手段、開き直りであったことは間違いない。一方、瞽女の旅は瞽女唄を成長・発展させる意味においても、不可欠な要素だった。瞽女は旅によって「見えない世界」に出会い、その感触を豊かな想像力と創造力で唄に変換していたのである。

通常、瞽女の旅は三～五人の小集団で行われた。先頭には手引きと呼ばれる晴眼、または弱視の女性が立ち、その後に全盲者が続く。右手に杖を持ち、前を行く人の荷物に軽く左手を置いて、縦に並んで進んだ。現在でも三人以上の視覚障害者がいっしょに歩行する場合、いわゆる「電車ごっこ」方式で縦列を組む。横に広がると障害物にぶつかる危険性が増すので、縦に細長い列を作って前進するのが生活の知恵なのである。前を歩く人の肩（あるいは荷物）の上下・左右への微妙な動きにより、段差や方向転換を察知することができる。

盲人が集団で長距離の旅をする光景は、見常者にとっては神秘的で、インパクトがあるものだった。瞽女は「見えない世界」からの聖なる来訪者として畏怖された。治病・豊作の祈願、養蚕・子安信仰などと結合し、瞽女が民間宗教者として活躍した事例は枚挙に暇がない。瞽女唄は通俗的な娯楽というレベルにとどまらず、複雑でユニークな機能を有していたのである。

瞽女が旅する際も、触覚活用は日常茶飯事だった。大胆かつ細心に手と杖を伸ばし、全身の皮膚感覚で周囲の事物を把握していた。実際の景色（sight）を見ることはできなくても、自分なりに風景（scene）を思い描くことは可能だった。人間が視覚で見ている事実は、物事のごく一部でしかない。瞽女は見常者とは異なる経路で物事の本質、「見えない世界」の真実に肉薄していた。杉本が言う「緑が見えるような気がした」無数の実体験の積み重ねが、瞽女唄に幅と奥行を与えた。

テレビやラジオ、インターネットがない時代、現実生活で見ることができるものは限られていた。瞽女唄の聴き手である見常者の大半は、旅行に出ることもほとんどなく、生まれ育った農山村で一生暮らした。このような定住民に多種多様な知識と慰安をもたらすのが瞽女だった。伝説や昔話、地域の歴史、近隣の村の出来事など、瞽女がカバーする情報はバラエティに富んでいた。総じて、瞽女唄は「見えない世界」を「見えるように感じさせる」有力なツールだったといえる。瞽女は「見えない世界」からのメッセンジャーであるのみならず、見常者が見たことのない真実を「見えるように感じさせる」演出家でもあった。「見えない世界を見えるように感じる」ことができる感性は、「色にさわる」と言い換えても差し支えないだろう。

心にさわる＝瞽女文化の行方

ここまで記述してきたことからわかるように、瞽女唄のエッセンスは「音にさわる」「色にさわる」の二語で要約できる。「音にさわる」「色にさわる」醍醐味は瞽女の努力により開拓・再生産されたものだが、さらに重要なのは瞽女唄が起爆剤となり、聴き手の見常者も「音にさわる」「色にさわる」ダイナミズム（響き）を共有していたことである。瞽女唄の聴衆は「見えない世界」のリアリティを実感し、「音にさわる」修業と「色にさわる」旅を追体験していた。だからこそ彼らは、前近代の過酷な生存環境の下でも、暗黙の相互扶助の精神で瞽女をサポートしたのである。

日本の秘境として有名な秋山郷（長野県栄村）にも、一九四〇年代まで定期的に瞽女の訪問があったという。毎年九月には瞽女が村民の家に分宿して村祭を楽しんでいた。瞽女唄を直接聴いた八〇代の古老は「遠路はるばる秋山郷まで来てくれる瞽女さんは、ほんとうにありがたい。尊敬する」と回顧している。村民の歓待が、険しい崖道を歩き秋山郷をめざす瞽女のバイタリティを増幅したのだろう。盲人と見常者が協力して「見えない世界」に接触しようとした壮大な試みが瞽女文化だった。

瞽女唄は演奏者と聴き手の皮膚感覚を一体化し、自他の境界がなくなる心地よさ、すなわち忘我の境地に至る「触覚芸術」といえる。聴衆の感動と感謝が手拍子、拍手という身体の「響き」で表出されたのも、けっして偶然ではない。「音にさわる」「色にさわる」試行錯誤のプロセスで実現するのが、盲人と見常者の対等な交流である。瞽女文化とは、盲人と見常者の文字どおりの触れ合い、「心にさわる」双方向のコミュニケーションと定義できるだろう。

近代とは視覚優位の時代である。「見えない世界」を科学によって可視化することが、進歩として礼賛されている。「より速く、より多く」を標榜する高度情報化社会にあって、「見えない世界」は相対的に軽視されるようになった。盲人芸能の担い手は高齢化し、盲学校教育の現場でも琵琶法師や瞽女の歴史は忘却されている。

江戸時代に、もう一つの盲人職業として確立されたのが按摩・鍼・灸（三療）だった。三療は、体内の「見えない世界」を指先と手のひらで触知・触察する手技療法である。明治以後の盲学校において、視覚障害当事者の教員が生徒に三療の技を指導してきた。そこには確実に、手から手への文化の伝達があった。

昨今、国際的なインクルーシブ教育の潮流の下、少なからぬ視覚障害児が盲学校でなく、一般校に進学する道を選んでいる。共生社会の具体化を志向するならば、視覚障害児が一般校に通うことは積極的に推進すべきなのかもしれない。しかし、全国の盲学校が創立以来、視覚障害者の「さわる文化」を過去から未来へと手渡していく拠点となっていたことは看過できない。盲学校は「school for the blind」という側面だけでなく、「school of the blind」の伝統も堅持していたのである。

特別支援教育の理念を宣揚する近年の文部科学省の方針に従い、各地の盲学校は「視覚支援学校」に名称変更されるようになった。名は体を表すというが、視覚支援学校では、視覚を使えない障害児たちの「足りない部分を補う」教育が主眼となっている。そこでは、視覚を使わない生活術、「音にさわる」「色にさわる」極意の伝授が顧慮されることはない。一方向的な「支援」の発想は、多数派（見常者）が少数派（視覚障害者）を教え助けるという強者の論理に陥りかねない危うさを含んでいる。

瞽女がいなくなり、障害者の権利が保障される福祉社会が到来したと思われがちな今こそ、瞽女唄にじっくり耳を傾け、あらためて「心にさわる」瞽女文化の意義を再考することが必要なのではなかろうか。

参考文献

大山真人『わたしは瞽女―杉本キクエ口伝』（音楽之友社、一九七七年）
佐久間惇一『瞽女の民俗』（岩崎美術社、一九八三年）
ジェラルド・グローマー『瞽女と瞽女唄の研究』（名古屋大学出版会、二〇〇七年）
鈴木昭英『瞽女―信仰と芸能』（高志書院、一九九六年）
高橋竹山『自伝津軽三味線ひとり旅』（新書館、一九七五年）

広瀬浩二郎『さわる文化への招待』(世界思想社、二〇〇九年)
ラフカディオ・ハーン『心―日本の内面生活の暗示と影響』(岩波書店、一九五一年)

おわりに――触文化研究の未来へ

僕が民博に着任したのは二〇〇一年四月である。それから十年余。世界各地を精力的に実地調査する同僚との交流を通じて、目が見えないこと、自分の障害のとらえ方が明らかに変化した。ある日、通勤のために広い万博公園内を歩いている際、ふと気づいた。一般に、フィールドワークとは海外に長期滞在し、現地の人々と生活をともにしなければできないものだと考えられている。しかし、目の見える人が圧倒的多数を占める社会にあって、目の見えない僕は毎日、フィールドワークをしているともいえるのではなかろうか。

白杖を使って、時には道に迷いながら、公園内をふらふら歩く。園内のフェンスや縁石を蹴散らし、水たまりをものともせず（そんなにかっこいいものではないか）、ひたすら前進する。僕の単独歩行は視覚障害に起因する不自由の代表といえるが、目が見えない者ならではの異文化体験とも解釈できる。おそらく民博に就職しなければ、現在の僕の「障害＝異文化」「マイノリティとしての実生活＝フィールドワーク」という発想は生まれなかったと思う。

二〇〇四年、僕は民博着任後の初めての単著『触る門には福来たる』を刊行した。それ以後、『さわる文化への招待』（単著、二〇〇九年）、『さわっておどろく！』（共著、二〇一二年）、『さわって楽しむ博物館』（編著、二〇一二年）などの著作を出版している（と、さりげなく、売れない拙著の宣伝をしてしまった）。約十年間、〝さわる〟にこだわってきたことになる。僕にとって〝さわる〟とは異文化体験、広瀬流（座頭市流）フィールドワークのキーワードなのである。近年、僕は〝さわる〟を切り口とするユニバーサル・ミュージアム理論を提唱し、各種ワークショップ、展覧会を企画・実施している。

「さわる文化」が確実に多方面へ波及する手応えを感じている僕に対し、よく次のような質問が投げかけられる。「五感と称されるように、人間は視覚・触覚のみならず、聴覚・味覚・嗅覚も保持している。触覚だけでユニバーサルといえるのでしょうか」「世の中には視覚障害に加え、聴覚障害、肢体不自由、知的障害、さらには発達障害などなど、多種多様な障害者がいる。視覚障害者にフォーカスするのはいいが、他の障害者への対応はどうなるのですか」。

僕に言わせれば、これらの疑問は半分当たっており、半分外れている。たしかに「五感」「障害」という視点でユニバーサルを追求する研究・実践もあるだろう。だが、人間の感覚を五つに分けて考察する五感論は、複数感覚の自由な交流のダイナミズムを阻害している面がある。補章で詳述したように、琵琶法師や瞽女は〝さわる〟スペシャリストだったといえる。〝さわる〟とは「目に見えない世界を身体で探る手法」と僕は定義している。五感論では琵琶法師や瞽女の〝さわる〟職能を分析することができない。

「五感」に代わる概念として、僕は「感覚の多様性」を用いている。五感論に立脚すれば、視覚障害者は四感しか使えないことになる。ところが実際には、視覚障害者は触覚・聴覚など、視覚以外の感覚をフル活用して「目に見えない世界」を独自の方法で探っているのである。マイノリティたちによって編み出された独自の方法を「感覚の多様性」として積極的に評価したい。

また、本書の随所で述べたように、そもそも「障害」とは曖昧な概念であり、多数派が少数派に貼り付けたレッテルにすぎない。障害／健常という単純な二分法、近代的な人間観を乗り越える新しい「知」の体系として、僕は〝さわる〟に注目し続けている。〝さわる〟豊かな可能性を探究してきた僕にとって、本書は自己の思想を発展させる跳躍台とも位置づけることができる。研究テーマの拡大・深化を明示するために、書名ではあえて〝さわる〟でなく「身体」を掲げることにした。すでに文化人類学の分野では多くの身体論が発表されている。〝さわる〟フィールドワークの蓄積から醸成された僕オリジナルの身体論が、社会にどう受け取られるのか。読者各位からの忌憚のないご意見を待つことにしよう。

「身体でみる異文化」には、従来の人類学のフィールドワークに対するささやかな異議申し立て、「こんな調査研究のやり方もあるのではないか」という問いかけが内包されている。そして、その異議、問いかけは「こんな生き方もあるのではないか」という主張にリンクする。民博の同僚をはじめ、さまざまな人々との出会いが僕の「生き方」に影響を与えたように、この本が読者のみなさんにとって「身体でみる異文化」の世界への刺激的な入門書となれば幸いである。

本書刊行に当たっては、臨川書店の工藤健太氏、西之原一貴氏に種々お世話になった。米国での八か月の在外研究期間中は、シカゴ大学（東アジア言語文化学部）のノーマ・フィールド先生、マイケル・ボーダッシュ先生にご支援いただいた。両先生、および僕の人生に〝音〟〝色〟〝心〟を吹き込む友人へのお礼として、本書を捧げたい。

甲子園球場で日米野球の震動を身体で感じた日に
「蒼天翔ける日輪」の揺らぎに触発されて

広瀬浩二郎（ひろせ・こうじろう）

1967年、東京都生まれ。13歳の時に失明。筑波大学附属盲学校から京都大学に進学。2000年、同大学院にて文学博士号取得。専門は日本宗教史、触文化論。01年より国立民族学博物館に勤務。現在は民族文化研究部・准教授。「ユニバーサル・ミュージアム」（誰もが楽しめる博物館）の実践的研究に取り組み、“さわる”をテーマとする各種イベントを全国で企画・実施している。主な著書に『さわる文化への招待』（世界思想社）、『さわっておどろく！』（共著、岩波ジュニア新書）、『さわって楽しむ博物館』（編著、青弓社）、『世界をさわる』（編著、文理閣）、『知のバリアフリー』（共編著、京都大学学術出版会）などがある。

身体でみる異文化
目に見えないアメリカを描く
臨川選書31

平成二十七年三月三十一日　初版発行

著　者　広瀬浩二郎
発行者　片岡　敦
印刷 製本　亜細亜印刷株式会社

発行所　606-8204 京都市左京区田中下柳町八番地
株式会社 臨川書店
電話（〇七五）七二一-七一一一
郵便振替　〇一〇七〇-二-八〇〇

落丁本・乱丁本はお取替えいたします
定価はカバーに表示してあります

ISBN 978-4-653-04226-6　C0336